Dan Jakubowicz

GENUSS UND NACHHALTIGKEIT

Gefördert aus Mitteln des Bundesministeriums für Umwelt, Jugend und Familie, des Bundesministeriums für Wissenschaft und Verkehr und der Oesterreichischen Nationalbank.

BUNDESMINISTERIUM FÜR UMWELT JUGEND UND FAMILIE

Nachhaltigkeit
Menschen für sol
Solidarität · Ökologie · Lebensstil

Die Deutsche Bibliothek – CIP-Einheitsaufnahme
Jakubowicz, Dan :
Genuß und Nachhaltigkeit : Handbuch zur Veränderung des persönlichen Lebensstils / Dan Jakubowicz – Wien : Promedia, 1999.
ISBN 3-85371-151-0

Umschlaggestaltung: Scheubmayr & Berthold Ges.b.R.
Lektorat: Erhard Waldner
Druck: WB-Druck
Printed in Austria
ISBN 3-85371-151-0

PROMEDIA

Dan Jakubowicz

Genuß und Nachhaltigkeit

Handbuch zur Veränderung des persönlichen Lebensstils

Nachhaltigkeit
sol
Menschen für Solidarität • Ökologie • Lebensstil

Denken ist etwas, das auf Schwierigkeiten folgt und dem Handeln vorausgeht.

Bert Brecht

Inhaltsverzeichnis

1. Genuß statt Verzicht 7
Die Auswahl der Ziele 9
Die drei Nachhaltigkeitsmodelle 12
Unser Ansatz 15
„Halbe-Halbe“ und der Umweltraum 20
Diagnose: Die Lage der Welt 21
Ein Einwand: Globale Gleichmacherei? 28
Neues probieren 29

2. Unser Essen 32
Wieviel ist „zuviel“? 32
Land-Indexpunkte – ein einfaches System 33
Fleisch macht Hunger 34
Genießen mit weniger Fleisch 34
Erdöl im Essen? Die CO_2-Indexpunkte 35
Unsere Nahrung auf Reisen 37
Wie frisch ist eigentlich „frisch“? 38
Arche Noah in Ihrem Garten 39
Im Rhythmus des Jahres 40
„Bio“ – was bringt's? 41
Orangensaft ist gesund 43
Mach Freude mit Blumen! 45
Des Menschen bester Freund 46

3. Wie kleiden Sie sich? 50
Bestandsaufnahme: Was wir tragen 51
Öko-Bewußte als Nachhaltigkeits-Sünder? 51
Textilien brauchen Energie 52
Baumwolle – ökologische und soziale Argumente 53
Entsorgen von Textilien 54
Die „bösen M“: Mode und Makellosigkeit 55
Was also tun? 56
Gut statt viel 57
Textil-Etiketten 59
Zum Schluß: Kleiner Textil-Knigge 61

4. Wie würden Sie gerne wohnen? 65
Veränderte Bedürfnisse durch veränderten Lebensstil 65
Bauen: Massen in Bewegung 66
„Sie hab'n a Haus baut“ 69
Heizen – aber wie? 74
Wieviel Liter braucht Ihr Haus oder Ihre Wohnung? 78

Lassen Sie sich doch beraten! 81
Wo wohnen Sie im Urlaub? 82
Zum Schluß: Kleiner Wohn-Knigge 88

5. Die Dinge und Sie 93
Interview mit Herrn Meier 93
Arbeitslosigkeit durch langlebige Produkte? 93
Wie sieht das alles nun aus dem Blickwinkel der Nachhaltigkeit aus? 96
Arbeitszeitverkürzung als Ausweg? 98
Werbung – ist sie des Teufels? 100
Und die Waschmittelwerbung? 102
Werbung und Mode 103
Brot und Spiele 104
Kann das denn wahr sein? 106
Ein Ausweg: Der Nega-Schilling 107
Von der Nachbarschaftshilfe zum Tauschkreis 109
Zurück zu Herrn Meier 111
Die Patina der Dinge 112
Alt, aber gut 113
„Second Hand" – Partisanen gegen die Wegwerfgesellschaft 114
Zahlt sich Reparieren aus? 115
Vom „Das ist meins"-Alter zum gemeinschaftsfähigen Erwachsenen 116
Nutzen statt besitzen 117
Soziale Fallen – am Beispiel öffentlicher Verkehr 119

6. Lebensstil: Was brauchen Sie? 124
Leben 126
Sättigung 127
Körpergefühl 129
Raum 130
Zeit 131
Schönheit 134
Weltanschauung 135
Macht 137
Tätigkeit und Muße 138

7. Die Welt verändern 141
Die Macht des Konsumenten 142
Die Macht des Wählers 145
Die Macht des Meinungsbildners 146

Zusammenfassung: Die wichtigsten zehn Schritte 151

Wie dieses Buch entstanden ist 153
Danksagungen 156

1. Genuß statt Verzicht

Mit gutem Gewissen die Güter der Erde und die Früchte seiner Arbeit zu genießen, ist heute nicht mehr einfach. Zu offensichtlich sind die Zusammenhänge zwischen unserem Lebensstil und der Gefährdung der Umwelt oder der schlechten Lebenssituation anderer Menschen. So ist jede Flugreise in den Urlaub auch ein winziger Beitrag zum Treibhauseffekt, und billige T-Shirts können nur deshalb billig sein, weil andere Menschen um wenige Schilling pro Tag dafür arbeiten.

Die meisten Menschen wissen heute ziemlich genau, was sie alles eigentlich *nicht* tun sollten. Ein Leben unter Befolgung all dieser moralischen Appelle erscheint aber trist und kaum lebenswert. Vor die Wahl zwischen ethisch einwandfreiem Handeln und gutem Leben gestellt, ist daher die Reaktion naheliegend, „zuzumachen" – sich mit der Problematik der Umwelt und der Dritten Welt möglichst nicht mehr zu beschäftigen. Zur Erlangung des Seelenfriedens wird dann vielleicht noch ein Hunderter an die Caritas und einer an Greenpeace überwiesen – und es wird weiter gelebt und konsumiert wie bisher. Im Innersten weiß man jedoch, daß das Problem damit keinesfalls gelöst ist ...

Das vorliegende Büchlein will versuchen, Lösungswege aufzuzeigen – und zwar mit ein paar einfachen Gedanken.

Zunächst einmal: Die Gesamtauswirkungen einer Veränderung hängen sowohl von der Anzahl der Menschen, die ihr Verhalten ändern, als auch vom Ausmaß der Einzeländerung ab. Nehmen wir als ein Beispiel den Stromverbrauch. Stellen wir uns eine Kleinstadt mit tausend Haushalten vor, von denen jeder 10.000 Kilowattstunden (kWh) pro Jahr verbraucht. Fordert man nun aus Umweltgründen eine Halbierung des Stromverbrauchs, so sind dazu stark veränderte Lebensgewohnheiten und etliche Investitionen nötig; man wird mit großem Überzeugungsaufwand vielleicht ein oder zwei Haushalte dafür gewinnen. Die jährliche Ersparnis beträgt somit 5.000 bis 10.000 kWh. Umgekehrt kann man mit geringem Aufwand 5% des Stromverbrauchs einsparen – hierfür wird man leicht jeden zehnten Haushalt motivieren können, und der Verbrauch wird um 50.000 kWh sinken.

Es ist daher sinnvoll, anfangs nur kleine Änderungen zu verlangen – auch von sich selbst. Sich heute große Ziele zu setzen, ist oft nur eine Ausrede dafür, morgen überhaupt nichts tun zu müssen.

Zweitens ist es wichtig, eine persönliche Veränderung nicht als einmaligen Vorgang, sondern als andauernden Weg zu verstehen. Es ist wie beim Abnehmen: Eine Blitzdiät bringt kaum etwas; nur eine grundlegende Änderung der Ernährungsgewohnheiten kann ein geringeres Gewicht auf Dauer garantieren.

Damit das funktioniert, muß dieser „Weg" auch Spaß machen. Mit den moralischen Appellen ist es wie mit den guten ärztlichen Ratschlägen: Bei den wenigsten Menschen bewirken sie einen Verzicht auf liebgewordene Gewohnheiten. Und wenn jemand schon nicht zu einer Verhaltensänderung fähig ist, die seiner eigenen Gesundheit nützen würde – wie kann man dann von ihm erwarten, sich aus ökologischen oder sozialen Motiven zu ändern?

Es hat sich gezeigt, daß Verhaltensänderungen am besten dann funktionieren, wenn Lustgewinn damit verbunden ist. Und ebenso, wie Diätbücher mit wunderschönen Fotos von verführerischen, jedoch kalorienarmen Speisen zu vernünftigerer Ernährung motivieren wollen, soll dieses Büchlein „Appetit machen" auf einen Lebensstil, der mehr Genuß und Freude bietet – und zugleich für die Umwelt und die Mitmenschen von Nutzen ist.

Die dritte Überlegung folgt fast zwangsläufig aus den beiden ersten: Wer sein Leben so umgestalten kann, daß er entspannter und zufriedener ist – und noch dazu ein besseres Gewissen haben kann –, wirkt unweigerlich positiv auf seine nächste Umgebung. Wenn Freunde, Nachbarn und Arbeitskollegen zaghaft einzelne Schritte nachmachen wollen, ist es wichtig, ihnen dabei zu helfen (ohne missionarisch zu werden) – denn die beste Art des Lernens ist das persönliche Vorbild. Diese Vorbildwirkung bietet die tiefe Befriedigung, daß man nicht nur ein Sechsmilliardstel der Menschheit – sich selbst – verändert, sondern vielleicht zehn oder zwanzig solche Sechsmilliardstel; und daß diese vielleicht wieder weiterwirken. Ein Beitrag zur Veränderung der Welt ...

Folglich:

1. Leicht erreichbare Ziele setzen.
2. Lustvolle Wege zu diesen Zielen finden.
3. Dadurch ein Beispiel geben.

Die Auswahl der Ziele

Letzten Endes ist die Wahl der Veränderungsziele eine sehr persönliche Sache. Jeder Mensch wird sich hier wohl etwas anders festlegen. Wir wollen daher weder Richtlinien geben noch Forderungen aufstellen, sondern einige Zahlen und Fakten präsentieren, aus denen Sie sich leicht ein eigenes Bild machen können.

Wer eine Waschmaschine kaufen will, erwartet zu Recht eine umfassende Produktdeklaration – Wasser- und Stromverbrauch, Schleudertouren etc. –, um eine sinnvolle Entscheidung treffen zu können. In ähnlicher Weise liefern wir Ihnen in diesem Büchlein einige „Verhaltensdeklarationen" – Zahlen und Fakten über die Auswirkungen verschiedener Verhaltensmuster. Die Entscheidung für die Festlegung von Veränderungszielen für Ihr Verhalten liegt bei Ihnen – ebenso wie die Auswahl der Waschmaschine.

Leider sind ökologische oder soziale Zusammenhänge schwerer zu messen und zu untersuchen als physikalische. Daher werden wir besonderen Wert auf Klarheit und Verständlichkeit legen und komplizierte Details, Berechnungen und Zusatzaspekte weglassen (die Literaturangaben bieten interessierten Leserinnen und Lesern die Möglichkeit, tiefer einzusteigen).

Konkret geht es also um die Frage: Wo zahlt es sich überhaupt aus, Verhaltensänderungen zu überlegen? Überspitzt formuliert: Müssen Sie wirklich die Metallklammer Ihres Teebeutels in den Altmetallcontainer werfen, oder sind eigentlich ganz andere Dinge entscheidend? Darüber haben in den letzten Jahren eine Menge Menschen nachgedacht. Hier die wichtigsten Ergebnisse.

Zunächst einmal: Unsere Erde ist ein begrenztes System. Die natürlichen Kreisläufe funktionieren (fast überall noch) erstaunlich gut. Wir

Menschen tun gut daran, sie nicht durch übermäßige Beanspruchung zum Kippen zu bringen. Das bedeutet: Wir müssen durch zweckmäßige Nutzung der natürlichen Ressourcen dafür sorgen, daß künftige Generationen zumindest gleich gute Startbedingungen vorfinden. Ein derartiges Verhalten wird als „nachhaltig" bezeichnet.

Der Begriff kommt aus der Forstwirtschaft, und diese bietet auch das beste Anschauungsbeispiel (Nachhaltigkeit in der Forstwirtschaft bedeutet, daß nicht mehr Holz geerntet wird, als jährlich zuwächst). Wenn alle geschlägerten Flächen neu aufgeforstet werden müssen – wie es in Österreich das Gesetz vorschreibt –, ist ein gleichbleibender Waldbestand gesichert; verzichtet man darauf, kann es zu Bodenabtragung und Verkarstung kommen, sodaß Flächen auf Dauer unfruchtbar werden. Eine spätere „Reparatur" dieses nicht-nachhaltigen Verhaltens ist gar nicht oder nur mit immensen Kosten möglich. Wer die kroatische Adriaküste besucht, kann noch immer die Konsequenzen des Raubbaus für den Bau der venezianischen (und anderer) Flotten sehen; die kahlen griechischen Küsten und Inseln sind die Spätfolgen der ruhmreichen athenischen Seemacht vor fast zweieinhalbtausend Jahren ...

Weltweite Umweltprobleme erfordern weltweite Lösungen – wie etwa der UN-Klimagipfel 1997 in Kyoto gezeigt hat, wo darum gefeilscht wurde, wie stark jedes Land den Ausstoß seiner Treibhausgase reduzieren muß, um das globale Klima nicht zu rasch zu verändern. Bei solchen Anlässen werden die gegensätzlichen Positionen der „reichen" und der „armen" Staaten offensichtlich. Daher setzt sich immer mehr die Überzeugung durch, daß ohne den Versuch eines gerechteren Verhältnisses zwischen „Nord" und „Süd" auch die globale Umweltproblematik nicht gelöst werden kann. Insbesondere die „Nicht-Regierungs-Organisationen" (non governmental organizations = NGOs, z.B. Umwelt- und Dritte-Welt-Initiativgruppen) sehen daher „Nachhaltigkeit" in einem unlösbaren Zusammenhang mit „Entwicklung". Auch der UN-„Weltgipfel" 1992 in Rio de Janeiro beschloß in diesem Sinn ein Maßnahmenpaket („Agenda 21" = Maßnahmen für das 21. Jahrhundert), das allerdings von den meisten Staaten kaum in die Praxis umgesetzt wurde und wird.

Die zunehmende Globalisierung – die weltweiten Handelsströme und wirtschaftlichen Abhängigkeiten – erfordert eine umfassendere Sichtweise, wenn beurteilt werden soll, wie „nachhaltig“ ein Land wirtschaftet. So hat beispielsweise die Schließung des Aluminiumwerks Ranshofen in Österreich eine deutlich merkbare Stromeinsparung gebracht – global gesehen ist das aber kein Beitrag zur Nachhaltigkeit, solange in Österreich von Jahr zu Jahr immer mehr Aluminium (meist in Form von Dosen) verbraucht und somit eben aus anderen Ländern (der Dritten Welt) eingeführt wird. Hier zeigt sich, daß bei der Bewertung von Konsumgewohnheiten die gesamte „Lebensgeschichte“ eines Produkts – von der Rohstoffgewinnung bis zur Abfallentsorgung – berücksichtigt werden muß, egal, in welchem Land sich diese einzelnen Schritte jetzt vollziehen.

Oder ein anderes Beispiel: Wenn Sie durch den Kauf einer stromsparenden Waschmaschine etwas zur Sanierung Ihrer persönlichen CO_2-Bilanz tun wollen, müssen Sie bedenken, daß für die Herstellung und den Transport des neuen Geräts bereits eine Menge Energie nötig war – vielleicht mehr, als es während seiner gesamten Lebensdauer einsparen wird. Hier gilt es also, vor dem Kauf eine Kosten-Nutzen-Rechnung anzustellen.

Bei der Diskussion über Nachhaltigkeit geht es folglich um drei Dinge:

- Fairneß innerhalb einer Generation, d.h. Berücksichtigung der gerechten Ansprüche der Menschen in anderen Erdteilen oder anderen Lebenszusammenhängen.
- Fairneß zwischen den Generationen, d.h. Berücksichtigung der gerechten Ansprüche unserer Kinder und Enkel.
- Berücksichtigung der gesamten ökologischen und sozialen Kosten von Produkten.

Drei verschiedene Konzepte sind für diese Überlegungen entwickelt worden: der ökologische Rucksack, der ökologische Fußabdruck und der Umweltraum.

Die drei Nachhaltigkeitsmodelle

Einmal vorweg: Alle drei sind starke Vereinfachungen. Komplexe Zusammenhänge können aber nur in dieser Form halbwegs verständlich gemacht werden. Wenn nun verschiedene Menschen verschiedene Teile der Wirklichkeit weglassen, entstehen verschiedene Modelle, die einander aber nicht widersprechen, sondern von denen eben jedes einen anderen Ausschnitt der Wirklichkeit betrachtet.

Es ist ähnlich wie beim Gleichnis von den Blinden und dem Elefanten, das Buddha erzählte, als er gebeten wurde, einen Streit zwischen verschiedenen religiösen Gruppen zu schlichten: Ein König ließ alle von Geburt an Blinden an seinen Hof holen. Einige ließ er den Kopf eines Elefanten betasten, andere den Stoßzahn, den Rüssel oder die Schwanzquaste – jedesmal sagte er dazu: „Dies, ihr Blinden, ist ein Elefant." Dann bat er die Blinden, ihm einen Elefanten zu beschreiben – die Antworten waren äußerst verschieden, und die Blinden gerieten in Streit.[1]

Nun, Dispute über die Vorzüge der drei Modelle sind müßig – wir können aus allen dreien etwas lernen.

Der ökologische Rucksack

Beim ökologischen Rucksack geht es um Materialmengen und Energien, die „unsichtbar" in einem Gegenstand stecken und die wir bei Benützung dieses Gegenstandes mit verbrauchen. So steckt etwa in der eben beschriebenen Aludose die gesamte Energie, die vom Bauxitbergbau über die Aluschmelze und den Transport bis hin zur Manipulation im Supermarkt und zur künftigen Entsorgung für sie verwendet wurde (und noch werden wird). Dazu kommt eine beachtliche Menge Abraum, der beim Bauxitbergbau bewegt werden mußte, bzw. Bauxitschlamm, der vielleicht einen Fluß in der Dritten Welt verschmutzt. All das trägt die Dose wie einen riesigen Rucksack hinten drauf.

Dieser ökologische Rucksack kann nun für jeden Gegenstand abgeschätzt werden und gibt ein Maß dafür, wie stark wir bei der Verwendung bzw. beim Kauf dieses Gegenstandes in die Umwelt eingreifen. So wird beispielsweise allein der Materialrucksack eines Auto-Katalysators, der wenige Gramm wiegt, auf rund eine Tonne geschätzt. Bei einer Pfandflasche, die zwanzigmal verwendet wird, hat hingegen jeder Benutzer nur ein Zwanzigstel des bei der Herstellung anfallenden ökologischen Rucksacks zu verantworten.

Der ökologische Fußabdruck

Das Konzept des ökologischen Fußabdrucks[2] legt das Schwergewicht nicht auf die Tonnen, sondern auf die Quadratmeter. Jedem Gegenstand wird die Fläche zugeordnet, die für seine Produktion im abstrakten Sinn verbraucht wurde. So setzt sich etwa der ökologische Fußabdruck einer Zeitung aus der Waldfläche für die Papierproduktion und aus der Bodenfläche zusammen, die für die nötige Energiemenge (aus erneuerbaren Quellen) nötig wäre. Die genaue Berechnung ergibt, daß der tägliche Konsum einer 300 g schweren Zeitung rund 0,12 Hektar „belegt".

Bei diesem Konzept tritt der Aspekt der globalen Gerechtigkeit zusätzlich in Erscheinung. Die gesamte global verfügbare Fläche wird –

Bildquelle: Wackernagel/Mathis: Unser ökologischer Fußabdruck. Birkhäuser, Basel – Boston – Berlin 1997

Unser Erdanteil ist die biologisch produktive Fläche, die durchschnittlich pro Kopf zur Verfügung steht. Der Anteil entspricht 1,45 Hektar Land und 0,55 Hektar Meer. Diese Fläche von 2 Hektar gäbe jedem eine kreisrunde Insel von 135 Metern Durchmesser, umgeben von 12 Metern Meer. Ein Sechstel wäre kultivierbares Land, der Rest Weiden, Wälder, Wildnis und überbaute Siedlungsfläche. Rein mathematisch zeigt sich, daß für jeden Menschen, dessen Fußabdruck dreimal größer ist als der durchschnittliche Erdanteil (wie bei Bürgern der Industrieländer), drei andere Menschen sich mit dem Drittel eines Erdanteils begnügen müssen, damit alle innerhalb des nachhaltigen Natureinkommens leben können (Iliana Pámanes, nach Phil Testemale).

nach Kategorien wie Ackerfläche, Weide, Wald, bebaute Fläche etc. getrennt – durch die Anzahl der auf der Welt lebenden Menschen dividiert. In Summe ergibt das eine verfügbare Fläche von 1,45 ha pro Person. Natürlich schwankt dieser Wert sehr stark: Während ein Inder nur 0,59 ha durch seinen Konsum belegt (das ist sein „ökologischer Fußabdruck"), brauchen Österreicher, Schweizer und Deutsche 4 bis 5 ha und US-Amerikaner sogar 8 ha.

Wird die Summe der Fußabdrücke der Einwohner eines Landes mit der Fläche des Landes verglichen, so zeigt sich, daß etwa Japan und Holland einen dreieinhalbmal so großen Fußabdruck haben, wie ihre Landesfläche ausmacht; der ökologische Fußabdruck von Deutschland und der Schweiz ist immerhin noch um 60% zu groß, der von Österreich um 20%, der der USA um 10%, und dünn besiedelte Länder wie Schweden und Australien könnten sogar noch im Verbrauch zulegen, um ihre Fläche mit ihrem Fußabdruck auszufüllen.

Der Umweltraum

Auch die Methode des Umweltraums geht von der Voraussetzung aus, daß die Güter der Welt rechnerisch auf alle Menschen aufgeteilt werden, verzichtet aber auf die „Umwandlung" in eine einzige Größe wie Tonnen oder Hektar. Die pro Kopf der Weltbevölkerung zur Verfügung stehende Menge wird als deren „Umweltraum" bezeichnet. So gibt es einen „Umweltraum Boden", der etwa dem ökologischen Fußabdruck entspricht, aber auch einen „Umweltraum CO_2-Emission" (die klimatisch noch akzeptable Gesamt-Emissionsmenge dividiert durch die Weltbevölkerung), einen „Umweltraum Roheisen", „Umweltraum Wasser" etc.

Manche dieser Umwelträume sind lokal oder regional aufzufassen (wie etwa Wasser, das ja nicht sinnvollerweise zwischen den Kontinenten ausgetauscht werden kann); die meisten jedoch werden global gerechnet. Dieses Modell setzt noch stärker als der „ökologische Fußabdruck" auf globale Gerechtigkeit, da es heutige Landesgrenzen völlig ignoriert und denjenigen Menschen, die zufällig in einem dünnbesiedelten Land leben, bei ihrem Konsum keinen größeren Spielraum läßt als den Bewohnern dichtbesiedelter Gebiete: Jeder Mensch, egal, wo er lebt, hat seinen „Umweltraum“ an fruchtbarem Boden, CO_2 etc., den zu verbrauchen er moralisch berechtigt ist. So kann es nicht passieren, daß die USA (mit nur 10% zu großem ökologischen Fußabdruck) scheinbar nachhaltiger wirtschaften als etwa Costa Rica (wo der ökologische Fußabdruck wegen der hohen Bevölkerungsdichte um 50% zu groß ist).

Das Umweltraumkonzept beruht also nicht in erster Linie auf regionaler Selbstversorgung. Es ist nicht das Ziel, daß jedes Land von seinen eigenen Ressourcen nachhaltig lebt, sondern dichtbesiedelte Länder „dürfen“ aus dünnbesiedelten Regionen Materialien und Energie importieren, bis die Pro-Kopf-Quote ausgeglichen ist.

In kurzen Worten zusammengefaßt:

- Ökologischer Rucksack: In dem, was Du konsumierst, steckt mehr, als Du glaubst.
- Ökologischer Fußabdruck: Mach dich nicht so breit auf der Welt.
- Umweltraum: Nimm dir von allem nur deinen fairen Teil.

Unser Ansatz

Ein dünnes Büchlein kann nicht alle Weltprobleme lösen – ja es kann sie nicht einmal alle aufzählen oder behandeln. Sie – als Leserinnen und Leser – sind wahrscheinlich auch nicht an langen Formeln oder komplizierten Herleitungen interessiert. Wenn Theorie zum Handeln führen soll, ist ein möglichst klarer und einfacher Ansatz vorrangig.

Wir haben uns dafür entschieden, das Umweltraumkonzept zur Grundlage unserer Überlegungen zu machen, da der Ansatz „Jedem Menschen weltweit sein fairer Anteil“ uns moralisch richtig erscheint und die Umrechnung aller Größen in Tonnen oder Hektar nicht immer leicht nachzuvollziehen ist. Wir werden allerdings nur die Umwelträume für fruchtbares Land und für Kohlendioxid berücksichtigen.

Die verfügbare fruchtbare Ackerfläche pro Kopf der Weltbevölkerung schwankt je nach Literaturquelle zwischen rund 1.000 und 2.000 Quadratmetern.[3] Die großen Abweichungen in den Zahlen zeigen uns, daß alle unsere künftigen Überlegungen nur Richtwerte sein können –

umsomehr, als es auch große Unterschiede in der Bodenfruchtbarkeit gibt.

Wenn wir von einem mittleren Wert dieser Zahlen ausgehen, bedeutet das, daß jeder Mensch etwa 1.500 Quadratmeter zur Verfügung hat, um Nahrung, pflanzliche Kleidung (etwa Baumwolle) und erneuerbare Energie aus Ackerpflanzen (wie etwa Biodiesel aus Raps) zu gewinnen.[4] Noch anschaulicher wird es vielleicht bei einer Division durch 365: Tag für Tag sollte jeder von uns mit dem auskommen, was auf 4 Quadratmetern wächst! Alles, was darüber hinausgeht, geht auf Kosten eines anderen, dem von seinen 4 Quadratmetern etwas weggenommen wird. Derzeit geht Überkonsum bei uns vor allem zu Lasten von Menschen in der Dritten Welt.

Was das Klima betrifft, gehen wir davon aus, daß erhöhter CO_2-Ausstoß eine Erwärmung der gesamten Erde bewirkt; Wissenschaftler[5] haben sich auf einen Grenzwert von 0,01°C pro Jahr geeinigt, von dem man glaubt, daß die Tier- und Pflanzenwelt ihn noch verkraftet. Daraus errechnet sich ein Umweltraum von 1,7 Tonnen Kohlendioxid pro Kopf und Jahr als Zielvorgabe; derzeit liegt der Wert in Österreich bei beinahe

CO2-Konzentration und Temperaturverlauf der letzten 160.000 Jahre

Einen aufschlußreichen Zusammenhang haben Untersuchungen von Eisbohrkernen gezeigt: In den letzten 160.000 Jahren besteht ein eindeutiger Zusammenhang zwischen der Temperatur auf der Erde und dem Gehalt der Atmosphäre an Kohlendioxid und Methan. Noch nie war deren Konzentration so hoch wie heute.

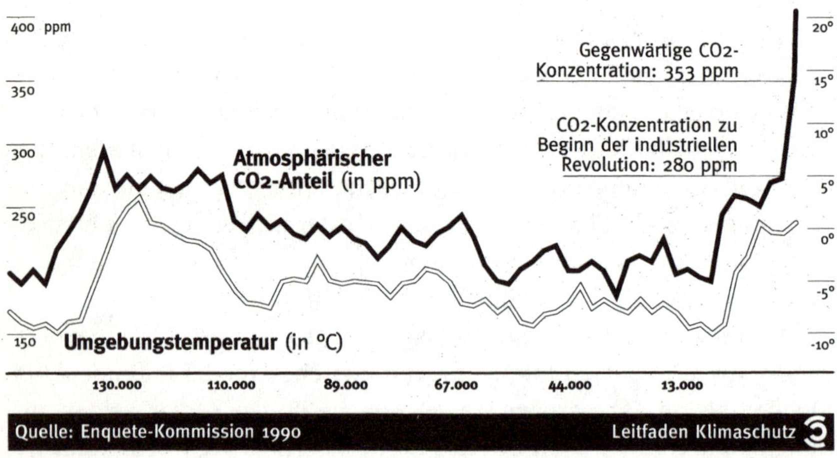

Quelle: Enquete-Kommission 1990 Leitfaden Klimaschutz

Der Treibhauseffekt – alles nur Panikmache?

Im Vorfeld der Klimakonferenz von Kyoto (Dezember 1997) wurden erstmals in den Medien Zweifel am Treibhauseffekt laut: Einerseits seien die Erwärmungsprognosen des IPCC (Intergovernmental Panel on Climate Changes) ungenau und wären wiederholt revidiert worden, andererseits sei der Einfluß der veränderlichen Sonnenaktivität auf das Klima unterschätzt worden – neben den allgemein bekannten Eis- und Warmzeiten habe es auch z.B. im Mittelalter große Klimaänderungen gegeben, die sicher nicht auf menschliche Einflüsse zurückzuführen seien.

Die Hauptquelle dieser Kritik ist die „Global Climate Coalition" (GCC). Sie wurde bereits 1989 in den USA gegründet und repräsentiert Privatunternehmen und Verbände, vor allem aus den Bereichen Öl und Kohle, Flugverkehr, Autohersteller und Chemiekonzerne (etwa Exxon, General Motors u.ä.) sowie die US-Handelskammer. Neben wissenschaftlicher Kritik an der Arbeit des IPCC argumentiert die GCC, Klimaschutz schwäche die Wirtschaft und erhöhe die Arbeitslosigkeit; außerdem sollten ihrer Meinung nach die USA erst dann Maßnahmen ergreifen, wenn auch die Länder der Dritten Welt im Klimaschutz aktiv würden.

Gerade die letztgenannte Position wurde sowohl in Kyoto als auch in Buenos Aires (November 1998) vor allem von den USA vehement vertreten und ist ein Haupthindernis auf dem Weg zu verbindlichen und wirksamen CO_2-Reduktionsvereinbarungen; zu Recht sehen die Entwicklungsländer, die schon jetzt weniger als die ihnen zustehenden 1,7 Tonnen pro Kopf und Jahr emittieren, kaum ein, wieso auch sie sich einschränken sollten.

Was die wissenschaftliche Kritik der GCC und anderer Forscher am Klimamodell des IPCC betrifft, so muß festgestellt werden, daß die weitaus überwiegende Anzahl von Wissenschaftlern davon überzeugt ist, daß menschliches Handeln, insbesondere der Anstieg der CO_2-Emissionen, einen wichtigen Anteil am Treibhauseffekt hat und daß dieser zu Klimakatastrophen führen wird. Ob nun die Sonnenflecken oder sonstige kosmische Einflüsse (an denen wir nichts ändern können) ebenfalls den Treibhauseffekt verstärken und ob die durchschnittliche Erderwärmung beim „Weiter wie bisher"-Szenario nun schon in 30 oder erst in 50 Jahren 1°C betragen wird – all das ändert eigentlich nichts an der grundsätzlichen Verpflichtung zur CO_2-Reduktion.

Bessere Klimamodelle werden vielleicht die „zulässigen" 1,7 Tonnen auf 2 oder 3 Tonnen korrigieren; da wir in Österreich derzeit 8 Tonnen pro Kopf und Jahr emittieren, macht das für die nächsten Jahrzehnte keinen Unterschied. Und wenn wir nicht schon in den nächsten Jahrzehnten unser Verhalten massiv ändern, kann es bereits zu spät sein. So hat die Versicherung „Münchener Rück“ festgestellt, daß sich die Anzahl der großen Naturkatastrophen seit den sechziger Jahren verdreifacht und ihre Schadenssumme (inflationsbereinigt!) verachtfacht hat (1998: 1.065 Milliarden Schilling).

Nebenbei einige Fakten: 1997 war mit Abstand das wärmste Jahr, seit es weltweit Temperaturaufzeichnungen gibt (siehe „Der Standard“, 24. 3. 1998). Der Hurrikanspezialist William Gray bezeichnet 1998 als ärgstes Hurrikanjahr aller Zeiten (zehntausende Tote in Mittelamerika; siehe „Der Standard“, 27. 11. 1998). Und wenn das Fließeis in der Antarktis wirklich ins Rutschen kommt und in den Ozean gleitet, so würden die Spiegel der Weltmeere um etwa fünf Meter ansteigen (das bestätigt der Innsbrucker Klimaspezialist Michael Kuhn in „Der Standard“, 2. 7. 1998). Eine ironische Pointe: In seinem jüngsten Bericht (1997) stellt das IPCC fest, daß die USA und Kanada zu den Hauptnutznießern der Erderwärmung zählen würden (verbesserter landwirtschaftlicher Ertrag, geringere Heizkosten etc.) ...

Weitere Informationen zur Klimaschutzpolitik:
http://www.germanwatch.org

8 Tonnen! Damit liegen wir fast doppelt so hoch wie der Weltdurchschnitt.[6]

Die Division dieses „Sollwerts“ von 1,7 Tonnen durch 365 ergibt einen täglichen Sollwert von rund 5 Kilogramm. Überkonsum geht hier nicht auf Kosten von Menschen in anderen Erdteilen, sondern (in Form von Naturzerstörung und Klimakatastrophen) auf Kosten unserer Kinder und Enkel.

Was wir der rein „naturwissenschaftlichen“ Betrachtungsweise des Umweltraums noch hinzufügen wollen, ist die Beachtung humanitärer Aspekte. Es geht nicht nur um Böden und Klima; auch Themen wie Arbeitslosigkeit, Frauendiskriminierung und Kinderarbeit – um nur einige Beispiele zu nennen – sind zu berücksichtigen. Ökologische Fortschritte müssen Hand in Hand mit sozialen und humanitären Verbesserungen gehen.

Wir werden also unsere Lebens- und Konsumgewohnheiten an drei Maßstäben messen:

- an unserem Bodenbudget von 4 Quadratmetern pro Tag,
- an unserem CO_2-Budget von 5 Kilogramm pro Tag,
- an den Auswirkungen auf die Lebensbedingungen anderer Menschen.

Umweltraum für nicht erneuerbare Rohstoffe

Umweltraum hat etwas mit „Nachhaltigkeit" zu tun: Nicht nur alle heute lebenden Menschen, sondern auch die Menschen künftiger Generationen müssen dieselben Lebenschancen haben wie wir. Streng genommen ist ein „nachhaltiger Verbrauch" nicht erneuerbarer Rohstoffe, etwa von Erdöl[7] oder von Aluminium[8], exakt gleich Null – nur dann haben unsere Kinder dieselbe Menge zur Verfügung wie wir. Allerdings dürfen auch sie dann nichts davon verbrauchen, daher nützt ihnen dies genausowenig wie uns.

Diese Sichtweise ist wohl nicht zielführend; verschiedene Autoren haben daher Modelle vorgeschlagen, nach denen der Verbrauch nicht erneuerbarer Rohstoffe (etwa um den Faktor 4, 10 etc.) eingeschränkt werden soll. Das löst jedoch das grundsätzliche Problem der Endlichkeit der Vorräte nicht, sondern schiebt nur die Erschöpfung der Lager hinaus.

Besonders gut gefällt uns ein von Hans Schnitzer[9] vorgeschlagenes Modell, das auf der Philosophie der Hopi-Indianer basieren soll: Die Rohstoffe sollen jeweils für sieben Generationen reichen – das bedeutet, daß wir in einer Generation (etwa 30 Jahren) ein Siebentel der vorhandenen Rohstoffe verbrauchen dürfen, die nächste Generation dann wieder ein Siebentel (der verbliebenen Menge) usw. Es müßte also alle 30 Jahre durch technischen Fortschritt der Verbrauch um ein Siebentel gesenkt werden. Das wäre jeweils ca. ein halbes Prozent pro Jahr – ein durchaus realistisches Ziel. Im Sinn eines stärkeren globalen Ausgleichs müßten die Industrieländer allerdings stärkere Reduktionen zustande bringen, während der Dritten Welt weiteres gemäßigtes Wachstum zugestanden würde.

„Nachhaltigkeit“ ergibt sich dadurch, daß sich die Aufgabe der Reduktion des Rohstoffverbrauchs in gleicher Form auch den künftigen Generationen stellt. Dies kann durch effizientere Technologien und durch veränderte Konsumgewohnheiten gelingen.

„Halbe-Halbe“ und der Umweltraum

Das Prinzip des Umweltraums – gerechtes Teilen – ist auch auf nichtmaterielle Faktoren anwendbar. Wenn beispielsweise zwei berufstätige Erwachsene zusammenleben, so ist die Freizeit, die ihnen insgesamt zur Verfügung steht, nicht vermehrbar – jeder Partner hat seinen „Umweltraum Freizeit“, und wenn sich einer mehr nimmt, geht das auf Kosten des anderen.

Es gibt umgekehrt auch den „Umweltraum Arbeit“: Die insgesamt für die Güterproduktion benötigte Arbeit wird durch Automatisierung immer weniger.[10] Für dieses Problem gibt es mehrere traditionelle Lösungsansätze – entweder es wird einfach immer mehr produziert (was Probleme mit dem „Umweltraum Energie/CO_2“ und dem „Umweltraum nicht erneuerbare Rohstoffe“ beschert), oder es werden „Exportoffensiven“ angekündigt. Der kriegerische Ausdruck hat einen wahren Kern: In Österreich werden durch Exportsteigerungen zusätzliche Arbeitsplätze geschaffen, während im Importland welche verlorengehen.

„Globalisierung“ kann – neben vielen anderen Aspekten – auch bedeuten, daß in Ländern mit 70% Arbeitslosigkeit diese Rate auf 60% sinkt: um den Preis, daß sie in den Industrieländern steigt, also somit der „Umweltraum Arbeit“ global besser verteilt wird.[11] Sobald eingesehen wird, daß die verfügbare bezahlte Arbeit nicht beliebig vermehrbar ist, wird die „Umweltraum-Denkweise“ vielleicht zu einer stärkeren Gleichverteilung von Arbeit (und somit zu einer Arbeitszeitverkürzung) auch innerhalb der Industrieländer führen.[12]

Auch andere „Umwelträume“ gibt es: Macht, Prestige ... – wir werden später darauf zurückkommen.

Diagnose: Die Lage der Welt

Wenn es um die Veränderung von Lebens- und Konsumgewohnheiten geht, ist es nützlich, sich zuerst ein wenig mit den Ursachen und Vernetzungen der aktuellen Probleme auseinanderzusetzen. Wir gehen dabei von einem höchst vereinfachten – somit leicht verständlichen, andererseits aber notwendigerweise unpräzisen – Modell aus. In den folgenden Kapiteln werden die Grenzen und Unschärfen des Modells noch genauer besprochen werden.

Die „drei Welten" – heute

Der Begriff „Dritte Welt" geht auf die Zeit zurück, da der „Ostblock" sozusagen als „Zweite Welt" gezählt wurde. Da die ehemals kommunistischen Staaten heute unterwegs zum „westlichen Modell" sind, ist diese Unterscheidung sinnlos geworden. Es gibt jedoch zunehmend eine neue „Zweite Welt": die Welt der Arbeitslosen, Unterprivilegierten und Obdachlosen. Wir werden daher in unserem Modell drei „Welten" betrachten: erstens die „arme Welt" des Großteils der Bewohner der „Entwicklungsländer"; zweitens die „reiche Welt", zu der der Großteil der Bewohner Europas, Nordamerikas und Japans sowie eine äußerst kleine Minderheit in den „Entwicklungsländern" gehört; und drittens die Welt der „Armut im Reichtum".

Die „arme Welt"

Wir sehen einen in sich geschlossenen Kreis von Ursachen und Wirkungen (der Techniker spricht von einer positiven Rückkopplung). In den armen Staaten gibt es kein ausreichendes staatliches Gesundheits- oder Pensionssystem; so ist die einzig mögliche Überlebensstrategie die, für ausreichend viele Nachkommen zu sorgen, die einen dann im Krankheitsfall oder im Alter unterstützen können. Dieses hohe Bevölkerungswachstum wirkt nun wiederum allen Anstrengungen entgegen, den Lebensstandard der Bevölkerung zu verbessern. Es ergibt sich eine „Spirale nach unten".

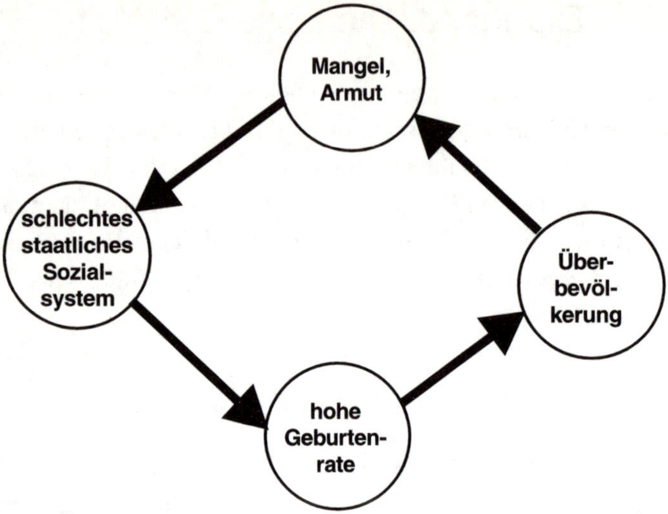

Die Abbildung kann aber auch umgekehrt „gelesen" werden: Wird ein Staat etwas wohlhabender, so steigt mit dem sozialen Standard meist auch das Bildungsniveau durch die Schaffung eines kostenlosen und qualitativ ausreichenden Schulsystems. Das führt in der Regel zu einer Senkung der Geburtenrate, was sich wiederum positiv auf das Pro-Kopf-Einkommen auswirkt – eine „Spirale nach oben". Die Aufwärts- bzw. Abwärtsbewegung wirkt sich auch auf die psychische Einstellung der Bevölkerung (einerseits Optimismus, andererseits Lethargie) aus und wird dadurch ihrerseits wieder verstärkt.

Die „reiche Welt"

Auch hier gibt es einen „Teufelskreis", nur liegt er nicht auf der materiellen Ebene. Unser überhöhter Konsum geht Hand in Hand mit immer stärkerer beruflicher Beanspruchung. „Flexibilisierung", „lebenslanges Lernen" – alles Ausdrücke dafür, daß die Anforderungen der Berufswelt immer stärker in unser Privatleben dringen. Aber auch in der Freizeit gibt es den Trend zu immer mehr „Streß": Es fällt uns schwer, nach Feierabend den Rhythmus des „schneller – stärker – mehr" abzulegen ...

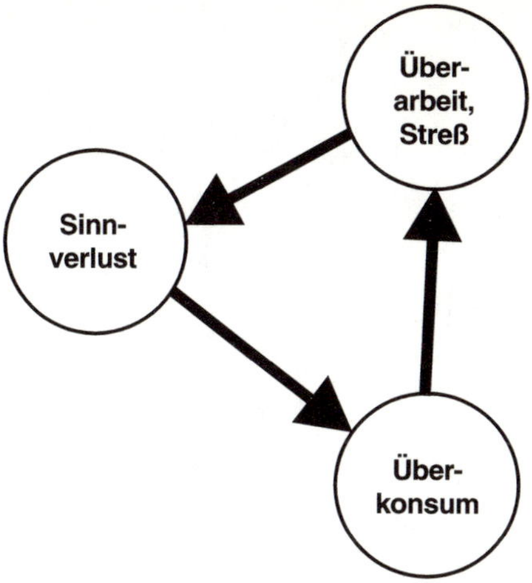

Kein Wunder, daß sich ein tiefsitzendes Gefühl der Unzufriedenheit entwickelt: „Das kann doch nicht alles gewesen sein ...?“ Gerade Kinder und Jugendliche, die „alles haben“, leiden oft besonders unter Sinnverlust. Und ebenso, wie jemand, der über sein Übergewicht frustriert ist, oft vor lauter Frust zum Kühlschrank geht, wählen wir „zur Linderung unserer Seelenschmerzen“ oft den Weg des abermals verstärkten Konsums.

Die Welt der Arbeitslosen: „Armut im Reichtum“

Das Gegenteil eines falschen Zustands muß nicht notwendigerweise richtig sein: Während viele Workaholics im „Hamsterrad“ ihres Überarbeitungsstresses stöhnen, leben – entgegen landläufiger Meinung – die Arbeitslosen keineswegs im paradiesischen Zustand der Muße. Die überwiegende Mehrheit wünscht sich nichts sehnlicher als einen Arbeitsplatz – und hier geht es nicht nur um Geld, sondern auch um die Teilnahme am gesellschaftlichen Leben und um Sinnerfüllung.

Arbeit verstärkt das Selbstwertgefühl. Menschen, die längere Zeit ohne Beschäftigung sind, entwickeln daher ein „Langzeit-Arbeitslosen-Syndrom“ mit vielen einzelnen Symptomen[13], das es ihnen zunehmend

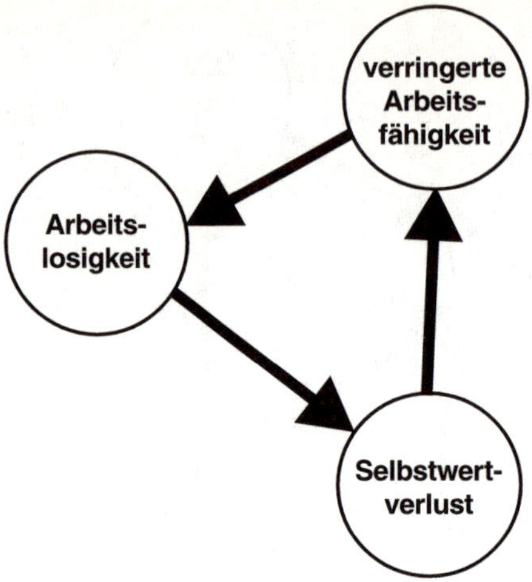

schwerer macht, sich wieder in den Arbeitsprozeß einzugliedern, auch wenn es ihnen noch so ein Bedürfnis wäre.

Die Zusammenhänge

Die drei Regelkreise hängen nun miteinander zusammen. Unser Überkonsum im „Norden“ ist untrennbar mit dem Mangel im „Süden“ gekoppelt. Einerseits verbrauchen wir einen überproportionalen Anteil an Rohstoffen, Energie, Boden usw. (mehr als unseren „Umweltraum“), andererseits ist eine Arbeitsstunde durch ungerechte Handelsbedingungen im „Norden“ zig- oder hundertfach mehr wert als im Süden. Verein-

Im „Standard“ vom 26. 3. 1997 bringt Oliver Schopf das Problem auf den Punkt.

facht ausgedrückt: Wenn ein T-Shirt bei uns nur soviel kostet, wie wir in einer Viertelstunde verdienen, dann bloß deshalb, weil die Dutzenden Arbeitsstunden (in der Dritten Welt), die in diesem T-Shirt stecken, extrem unterbewertet werden.

Auch mit der „Welt der Armut im Reichtum" besteht ein Zusammenhang: Würden wir – etwa durch Arbeitszeitverkürzung oder andere Maßnahmen – die zur Verfügung stehende bezahlte Arbeit gerecht aufteilen, käme es nicht mehr zur absurden Gleichzeitigkeit von Überarbeitung und Arbeitslosigkeit.

Verschärfend: Die Umweltproblematik

Unser Überkonsum ist eine der Hauptursachen für die großen Umweltprobleme. Das Wachstum des Energieverbrauchs ist ein starker Beitrag zum Treibhauseffekt; immer mehr wertvolle Rohstoffe werden immer schneller verbraucht, und immer größere Mengen von immer giftigeren Abfällen entstehen. Diese Umweltprobleme wirken sich – obwohl sie von den „reichen Staaten" verursacht sind – doch hauptsächlich bei den „armen Staaten" aus: Auch bei abnehmender Bodenfruchtbarkeit spü-

Jean Veenenbos in „Der Standard" vom 6. 3. 1999

ren vorerst nicht wir den Hunger, sondern die Menschen z.B. in Afrika. Umweltzerstörende Großindustrien weichen zunehmend in den „Süden" aus, doch ihre Produkte konsumieren nach wie vor wir in den „reichen Staaten". Und bei einem Ansteigen des Meeresspiegels als Folge der globalen Erwärmung werden die nötigen Dämme in den USA wahrscheinlich leichter zu finanzieren sein als in Bangladesch.

Dennoch: Auch uns trifft die Umweltkrise. Während globale Auswirkungen wie Treibhauseffekt und Ozonloch erst in den nächsten Jahrzehnten voll zum Tragen kommen, gibt es schon jetzt „vor unserer Haustür" genügend Probleme. Und wenn die letzten Bäche zubetoniert, die letzten „Gstätten" verbaut und die letzten Hecken der industriellen Landwirtschaft geopfert werden, geht Schritt für Schritt der Naturbezug verloren. Das steigert das Gefühl der Sinnlosigkeit – „Natur" kann immer weniger zur Heilung unserer seelischen Probleme beitragen.

Die sieben Reichsten könnten die Armut weltweit beseitigen

Das Entwicklungsprogramm der Vereinten Nationen (UNDP) stellt in seinem Jahresbericht 1997 fest, daß die weltweite Armut bis 2020 beseitigt werden könne. Die Schaffung eines universellen Zugangs zur Linderung der Einkommensarmut würde 80 Milliarden US-Dollar kosten – weniger als das Nettovermögen der sieben reichsten Männer der Welt zusammen. Zum Vergleich: Jährlich werden weltweit etwa 800 Milliarden Dollar für Rüstung ausgegeben (siehe „Der Standard", 13. 6. 1997).

Übrigens hat sich der Einkommensunterschied zwischen dem ärmsten und dem reichsten Fünftel der Weltbevölkerung in den letzten 30 Jahren vervierfacht (siehe „Der Standard", 22. 11. 1997). Alles in allem also höchste Zeit, zumindest die zugesagten 0,7% des Bruttosozialprodukts für Entwicklungshilfe zur Verfügung zu stellen (der derzeitige Wert liegt nicht einmal halb so hoch) und den ärmsten Ländern durch einen generellen Schuldenerlaß einen neuen Anfang zu ermöglichen.

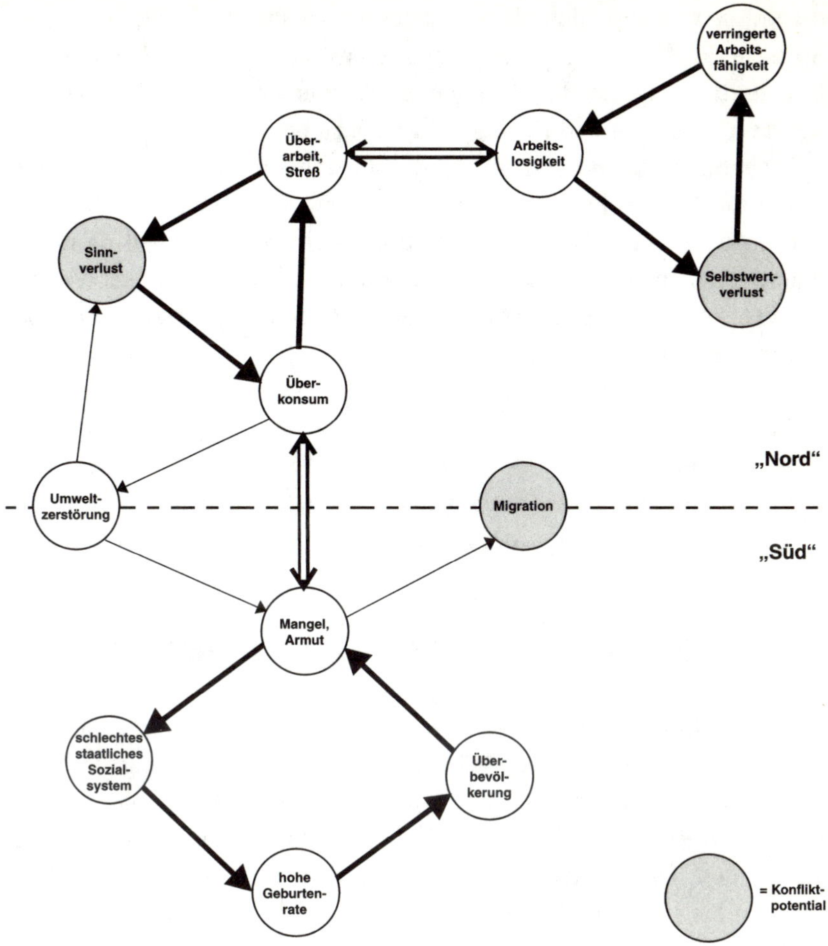

Das Konfliktpotential steigt

Wachsende Probleme ergeben wachsendes Konfliktpotential – und die Geschichte hat bisher gezeigt, daß sich wachsende Ungleichheit früher oder später immer mit einem „Knall“ entlädt. Sinnverlust der „Überarbeiteten“ und Selbstwertverlust der Arbeitslosen sind ein idealer Nährboden für gesellschaftliche Konflikte. Darüber hinaus kommt es durch die krasse wirtschaftliche Ungleichheit zu verstärkter Migration; in der Sprache des Demagogen bieten sich somit neben den „arbeitsscheuen Sozialschmarotzern" die „kriminellen Ausländer" als Aggressionsziele für die „Tüchtigen und Fleißigen" geradezu an.

Wahlergebnisse der letzten Jahre in Österreich und anderen europäischen Ländern, aber auch beispielsweise in Australien, sprechen eine deutliche Sprache: Rechte Populisten scheinen überall auf dem Vormarsch zu sein. Es kann daher nur im Interesse aller – auch der Wohlhabenden – sein, den inneren und äußeren Frieden langfristig durch einen Abbau der Ungleichheit zu sichern.

Das Rezept in kurzen Worten:

- Materiellen Konsum teilen.
- Arbeit teilen.
- Lebenssinn und Zufriedenheit aus anderen Quellen als Arbeit und materiellem Konsum schöpfen.

Ein Einwand: Globale Gleichmacherei?

Ein ernstzunehmender Einwand gegen das Umweltraumkonzept ist die Warnung vor einer globalen Gleichmacherei. In der Vergangenheit war das europäische/amerikanische „Entwicklungsmodell" von der Idee getragen, die „Unterentwickelten" auf „unseren zivilisatorischen Standard" zu bringen. Dieser Ansatz hat meist nicht funktioniert: Wo etwa das Kochen ein gemeinschaftlicher Akt eines Dorfes ist, können sich auch noch so gut gemeinte Solarkocher nicht durchsetzen. Man stelle sich einen Entwicklungshelfer aus Uganda vor, der ein österreichisches Dorf von den ökologischen Vorzügen des gemeinschaftlichen Kochens überzeugen möchte – wenngleich es tatsächlich energiesparend ist, wird es sich nicht durchsetzen lassen.

Das Umweltraumkonzept hingegen stellt jedem Menschen – egal, in welcher Kultur er lebt – prinzipiell einmal die gleiche Menge an Ressourcen zur Verfügung. Wie er diese nützt, ist allein seine Sache – hier kann sich persönliche und kollektive Autonomie entfalten. Als Vergleich: Wenn jemand Drillinge hat, wird er wohl jedem Kind dasselbe Taschen-

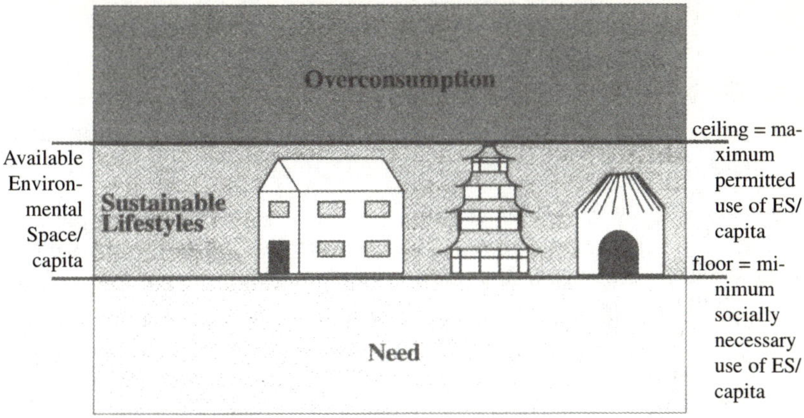

Bildquelle: Friends of the Earth Europe: Towards Sustainable Europe. Brussels 1995

Innerhalb der Grenzen des Umweltraumes gibt eine Vielzahl kulturell und individuell bedingter „nachhaltiger Lebensstile“; nicht nachhaltig sind hingegen sowohl Armut als auch Überkonsum.

geld geben; das eine mag es sparen, das zweite es in Süßigkeiten und das dritte in Kinokarten umsetzen.

Oft wird auch eingewendet, Menschen in wärmeren Ländern brauchten weniger Energie, da bei uns ein großer Anteil unseres Energieverbrauchs in die Gebäudeheizung geht. Dem kann man entgegenhalten, daß es auch andere Bevorzugungen und Benachteiligungen einzelner Länder gibt: fruchtbarere und weniger fruchtbare Böden, mehr oder weniger Wasserkraftpotential, mehr oder weniger Krankheitserreger ... In den meisten Punkten sind wir in Österreich „auf die Butterseite gefallen“.

Auch wenn sich diese Vor- und Nachteile vielleicht nicht völlig ausgleichen: Wir dürfen nicht vergessen, daß die Ziele des Umweltraumkonzepts nicht als starre Regeln, sondern als Richtungen unserer persönlichen und gesellschaftlichen Entwicklung zu verstehen sind. Außerdem: Wer – wie wir in Österreich – durch sein Verhalten vorläufig noch mehr als 20 Kilogramm CO_2 pro Tag verursacht, muß sich nicht in erster Linie mit der Überlegung beschäftigen, ob er nun gerechterweise 5 oder 6 Kilogramm verbrauchen dürfte.

Neues probieren

„Weiter wie bisher“ ist also nach dem, was wir gehört haben, keine besonders zukunftsträchtige Perspektive. Wie schaffen wir es nun, unsere Lebens- und Konsumgewohnheiten zu ändern – weniger zu verbrauchen und zugleich „besser“ zu leben?

Indem wir Neues probieren! Ebenso, wie das Schöne am Urlaub die Abwechslung ist, holen wir uns mit jeder Veränderung unseres Alltags ein Stück Urlaub herein. Haben Sie doch Mut zum Experiment! Sie werden merken: Ihr Leben wird spannender und lustvoller. Vielleicht können wir Ihnen in den folgenden Kapiteln einige Anregungen geben.

Wir gehen „von innen nach außen“ vor: Zuerst betrachten wir den Bereich Ernährung, dann unsere Kleidung (die „zweite Haut“) und unsere Wohnsituation (die „dritte Haut“). Anschließend wollen wir uns mit den Dingen des täglichen Lebens – vom Kaffeehäferl bis zum Auto – befassen.

Schließlich lassen wir das „Greifbare“ hinter uns: Wir werden ein wenig über die Beweggründe, die hinter unserem Verhalten stehen, nachdenken und Sie zu den Ihnen entsprechenden Folgerungen einladen.

Aber nun genug der Vorrede – jetzt wird's konkret.

Anmerkungen

1 Die Reden des Buddha. Stuttgart 1993.

2 Wackernagel, Mathis/Rees, William: Unser ökologischer Fußabdruck. Basel 1997.

3 Die Studie „Sustainable Netherlands“ (Hrsg.: Friends of the Earth-Niederlande 1992, übersetzt vom Institut für sozial-ökologische Forschung, D-60486 Frankfurt/Main) gibt für 2010 einen Wert von 1.830 m² an, allerdings unter der Voraussetzung, daß keine weiteren Bodenverschlechterungen durch nicht-nachhaltige Wirtschaftsweise stattfinden; 1993 nennt die Studie „Sustainable Europe“ (Friends of the Earth Europe; zu bestellen bei FOE England, 56-58 Alma Street, Luton, LU1 2PH England) für das Jahr 2010 einen Wert von 1.000 m², während das Entwicklungsprogramm der Vereinten Nationen von 2.200 m² ausgeht – allerdings noch für das Jahr 2000, also bezogen auf eine wesentlich niedrigere Weltbevölkerung (UNDP-Bericht über die menschliche Entwicklung 1997).

4 Da in dieser Fläche Wald- und Weideanteile, die jedem Menschen zustehen, nicht enthalten sind, fallen etwa der Wollpulli und die Holzheizung aus dieser Überlegung heraus. Natürlich sind auch Wald, Weideland etc. weltweit nicht unbegrenzt vorhan-

den; hierfür müssen aber jeweils eigene „Umwelträume" definiert werden. Wir werden diese Aspekte aus Gründen der Übersichtlichkeit in diesem Büchlein nur streifen, ebenso wie die Wasserproblematik: Wasser ist in vielen Regionen der Welt schon heute Mangelware und wird in Zukunft noch knapper werden, ist in Österreich jedoch auf absehbare Zeit ausreichend vorhanden.

5 Das IPCC (Intergovernmental Panel on Climate Changes) wurde 1988 von der Weltmeteorologischen Gesellschaft (WMO) und dem Umweltprogramm der Vereinten Nationen (UNEP) gemeinsam gegründet, um 1. die verfügbare wissenschaftliche Information über Klimaänderungen auszuwerten, 2. die Auswirkungen von Klimaänderungen auf Umwelt und Sozioökonomie auszuwerten und 3. Reaktionsstrategien auszuwerten. Zuletzt hat das IPCC 1996 einen „2. umfassenden Bericht" vorgelegt (erhältlich: ProClim, Bärenplatz 2, CH-3011 Bern, Fax (0041/31) 312 55 37 bzw. http://www.proclim.unibe.ch/documents/assessments/IPCC/IPCC_G_Inhalt.html).

6 Der Durchschnitts-US-Bürger liegt beim Fünffachen des Weltdurchschnitts, ein typischer Bewohner eines „Entwicklungslandes" hingegen mit rund 1 Tonne pro Kopf und Jahr bei einem Viertel des Weltdurchschnitts und somit noch unter dem „Sollwert" des Umweltraums von 1,7 Tonnen. Daß sich, wie vor allem von den USA gefordert, auch die Länder der Dritten Welt bei ihrem CO_2-Verbrauch einschränken sollten, wirkt vor diesem Hintergrund zynisch.

7 Die Neubildung von fossilen Brennstoffen aus biologischen Materialien findet zwar laufend statt, erreicht aber nicht einmal den Promillebereich unseres Verbrauchs.

8 Recycling erfaßt nie 100% einer Substanz und kann somit keinen „nachhaltigen Verbrauch" im strengen Sinn des Wortes sicherstellen.

9 Schnitzer, Hans: Nachhaltiges Wirtschaften und saubere Technik. In: Moser, F. (Hrsg.): Ganzheitlicher Umweltschutz. Graz 1992.

10 Das gilt gewiß für bezahlte Arbeit; bei der unbezahlten (etwa der Hausarbeit, die hauptsächlich von Frauen verrichtet wird) gibt es unterschiedliche Auffassungen: Die Zeitersparnis durch Haushaltsgeräte und Tiefkühlkost wird zumindest teilweise durch längere Einkaufswege, aufwendiges Suchen nach Qualitätsnahrungsmitteln, getrennte Müllentsorgung etc. wettgemacht.

11 Globalisierung bewirkt allerdings eine ungerechtere Verteilung des Kapitals und der Einkommen: Die Aktienkurse explodieren ebenso wie die Zahl der Sozialhilfeempfänger ...

12 In Dienstleistungsbereichen – Bildung, Pflege, Beratung, Handel (Öffnungszeiten!) etc. – und in der Kunst kann die insgesamt benötigte Arbeit noch stark gesteigert werden. Voraussetzung ist jedoch, daß ein entsprechender Bedarf erkannt (bzw. teilweise geschaffen) wird und die Bereitschaft da ist, dafür auch angemessen zu bezahlen. Diese Art von Arbeit kommt meist mit sehr geringem Material- und Energieeinsatz aus, ist also vom ökologischen Gesichtspunkt unbedenklich. Mehr darüber in Kapitel 5.

13 Lazarsfeld, Paul F./Jahoda, Marie/Zeisel, Hans: Die Arbeitslosen von Marienthal. (Original: 1933.) Frankfurt/Main 1973.

2. Unser Essen

Kurz und bündig: die meisten von uns[1] essen

- grundsätzlich zuviel,
- zuviel Fleisch und
- Nahrungsmittel mit bedenklicher Vorbehandlung bzw. Inhaltsstoffen.

Wahrscheinlich geht es Ihnen besser, wenn Sie etwas abnehmen und sich ein wenig gesünder ernähren – auch die Umwelt dankt dafür! Vielleicht können wir Ihnen sogar Ideen liefern, wie Sie darüber hinaus noch mehr Spaß am Essen haben.

Wieviel ist „zuviel“?

Vergessen Sie die diversen Tabellen: Sie wissen selbst ganz genau, wann Sie zuviel wiegen. Und Methoden zum Abnehmen brauchen wir Ihnen auch keine anbieten; alle Buchhandlungen und Illustrierten sind voll davon.

Wenn Sie zu der großen Zahl von Menschen gehören, die mit dem Abnehmen kämpfen, dann werden Sie wohl gute Gründe dafür haben. Der wahrscheinlich naheliegendste: Ihre Hosen bzw. Kleider passen nicht mehr. Sie wollen einfach wieder besser aussehen – daß massives Übergewicht die Lebenserwartung senkt, ist Ihnen auch bewußt. Auch überhöhter Fleischkonsum erhöht das Risiko für diverse Krankheiten.

Ihr Körper zeigt Ihnen somit *eine* Grenze – das Umweltraumkonzept eine weitere. Hungern – verhungern vielleicht andere, weil Sie schlemmen?

Keine Angst! Auf der Erde ist genug Essen für alle da – oder sagen wir besser: wäre da ... Es geht nämlich nicht darum, wieviel, sondern was Sie essen.

Etwa 1.500 m² landwirtschaftliche Fläche (Ackerland) „gehören“ Ihnen; darauf wachsen jährlich rund 4,5 Tonnen Erdäpfel. Der „tägliche Umweltraum“ – die bereits genannten 4 Quadratmeter – reicht für ca.

12 Kilogramm Erdäpfel am Tag. Können Sie soviel essen? Oder 9 Kilogramm Gemüse? Oder gar 20 Kilogramm Bananen? Es ist offensichtlich: Würde ein Großteil der verfügbaren Fläche mit ertragreichen Nahrungspflanzen bebaut, so könnte die Erde auch ein Mehrfaches der heutigen Bevölkerung ernähren.[2]

Nun gibt es aber auch „Luxusprodukte“: Ihre 4 Quadratmeter liefern beispielsweise pro Tag nur eine Handvoll Kaffee- oder Kakaobohnen (25 bzw. 20 dag). Ein paar Schalen Kaffee oder eine Tafel Schokolade pro Tag – und ein beträchtlicher Teil Ihres „Flächenbudgets“ ist verbraucht. Hätten Sie das gedacht?

Land-Indexpunkte – ein einfaches System

Es ist wohl kaum anzunehmen, daß Sie sich ausschließlich von Erdäpfeln, Bananen oder Kaffee ernähren. Gehen wir also davon aus, Ihr tägliches Anrecht auf Nahrungsmittel sei der Ertrag von 4 Quadratmetern fruchtbarem Boden – Ihr „Tages-Umweltraum“. 1 Prozent davon sei ein Land-Indexpunkt (LIP). Sie „dürfen“ also täglich 100 LIP verbrauchen. Nach obiger Rechnung hat 1 Kilo Erdäpfel etwa 8 LIP, während 1 Kilo

Berechnungsbeispiel: Brot

In Österreich ist der Ertrag für Getreide (je nach Lage) 4 bis 7 Tonnen pro Hektar, somit 40 bis 70 dag/m². 1 kg Getreide wird zu 80 bis 95 dag Mehl verarbeitet (die Ausbeute ist bei Vollmehl am höchsten). Aus 1 kg Mehl wiederum erzeugt man 1,2 bis 1,5 kg Brot bzw. Gebäck (Wasser, Gewürze etc. werden hinzugefügt).

Rechnen wir immer mit den Mittelwerten, so ergibt sich ein Wert von 0,55 x 0,875 x 1,35 = 0,65 kg Brot pro Quadratmeter bzw. 1,54 m² pro kg Brot. Wenn wir 1 m² mit 25 LIP ansetzen, kommen wir auf durchschnittlich 38,5 LIP pro Kilogramm Brot. Infolge der hohen Schwankungen haben derart „exakte“ Angaben jedoch wenig Sinn; je nach Getreide- und Brotsorte bzw. Anbaugebiet können wir von 30 bis 50 LIP pro Kilogramm ausgehen.

Kaffee etwa 400 LIP hat. Wenn nun aus ¼ kg Kaffee etwa 25 Tassen hergestellt werden, so hat eine Tasse Kaffee etwa 4 LIP. 1 kg Brot hat etwa 30 bis 50 LIP.

Fleisch macht Hunger

Das bißchen Kaffee oder Kakao kann ja wohl nicht das Problem sein. Wieso gibt es dann global immer wieder Ernährungsprobleme?

Die Antwort: Wir – die wir es uns leisten können – essen viel zuviel Fleisch.

Die meisten Nutztiere werden mit industriell gefertigtem Tierfutter ernährt – die „glückliche Kuh" auf der Alm gibt es fast nur mehr lila eingefärbt in TV-Werbespots.

Da Tiere im Schnitt nur ein Siebentel der aufgenommenen Nahrungsenergie in körpereigene Substanzen umsetzen, hat Fleisch (unterschiedlich nach Sorte) ungeheuer viele LIP: Wir können mit einem Mittelwert von etwa 400 LIP/kg rechnen. Wenn Sie also ein Schweinsschnitzel (20 dag) mit einer Portion Erdäpfel (25 dag) und Salat (10 dag) bestellen, so macht das etwa 83 LIP aus (80 für das Fleisch, 2 für die Erdäpfel und 1 für den Salat), also fast das ganze Ihnen zustehende Tagespensum!

Es zeigt sich also offensichtlich: Jeden Tag eine oder gar mehrere Fleischspeisen zu essen ist „welt-unverträglich", d.h., nicht für alle Menschen dieser Welt zu erreichen.

Genießen mit weniger Fleisch

Sie sollen nun nicht mit moralischem Druck zur Vegetarierin bzw. zum Vegetarier bekehrt werden. Wer aus eigenem Antrieb kein Fleisch essen will, hat sich ohnehin schon dazu entschieden, und wer es nur wegen der „Indexpunkte" macht, hält es bestimmt nicht lange durch.

Wenn Sie es hingegen schaffen, Ihre Ernährung ein wenig umzustellen, sodaß Sie nur ein bißchen weniger Fleisch verwenden – und daran auch Genuß finden! –, dann ist ein dauerhafter Nutzen erzielt. Und vielleicht bereitet Ihnen der Gedanke an die eingesparten LIP zusätzliche Befriedigung ...[3]

Es ist ganz erstaunlich, welche Vielfalt an wohlschmeckenden fleischlosen Gerichten es gibt; vielleicht besorgen Sie sich ein Kochbuch und probieren einmal in der Woche ein fleischloses Rezept? Wenn Sie hingegen im Gasthaus oder in der Kantine essen, standen Sie früher auf verlorenem Posten; die „fleischlose“ Speisekarte ging oft über eine Salatplatte und eine Eierspeise nicht hinaus – mittlerweile ist das vielfach schon besser geworden. Wenn Sie Ihren Wirt nicht zu einer reichhaltigeren Auswahl überzeugen können, können Sie vielleicht beim Frühstück oder Abendessen einmal ein Wurstbrot durch ein Marmeladebrot oder ein Gulasch durch Spaghetti ersetzen?

Erdöl im Essen? Die CO_2-Indexpunkte

Wir haben uns im ersten Kapitel auf die vorrangige Betrachtung zweier Umwelträume festgelegt: 4 Quadratmeter Boden pro Tag, 5 kg CO_2 pro Tag. Wie sieht es bei der Nahrung nun mit dem CO_2-Umweltraum aus?

Schon immer hat der Mensch Energie gebraucht, um den Boden zu bearbeiten: erst seine eigene Muskelkraft, dann die Energie von Zugtieren und seit einigen Jahrzehnten die von Maschinen. Nachdem landwirtschaftliche Maschinen mit wenigen Ausnahmen (Biodiesel) nur fossile Brennstoffe verwenden, tragen sie einiges zum CO_2-Umweltraum bei.

Grob gerechnet kann man 1.000 Kalorien (kcal) Fremdenergie (aus fossilen Energieträgern) mit etwa 6,5 CO_2-Indexpunkten (CIP) veranschlagen. Wenn ich also meinen täglichen Kalorienbedarf von etwa 2.000 Kalorien zur Gänze aus biologischem Getreide, Gemüse und Kartoffeln decke (im Schnitt etwa 0,1 kcal fossile Fremdenergie pro kcal Nahrungsenergie), benötige ich dazu nur ca. 1 CIP. Kommen mein Getreide bzw. meine Kartoffeln aus Intensivlandbau (im Schnitt 0,5 kcal Fremdenergie pro kcal Nahrungsenergie), so „kostet“ mich das immerhin schon 6,5 CIP, also etwa ein Fünfzehntel meines CO_2-Umweltraums.[4]

Im Fleisch steckt noch mehr fossile Energie, da ja für die Herstellung von 1 kg Fleisch vorher viele Kilogramm Tierfutter hergestellt werden

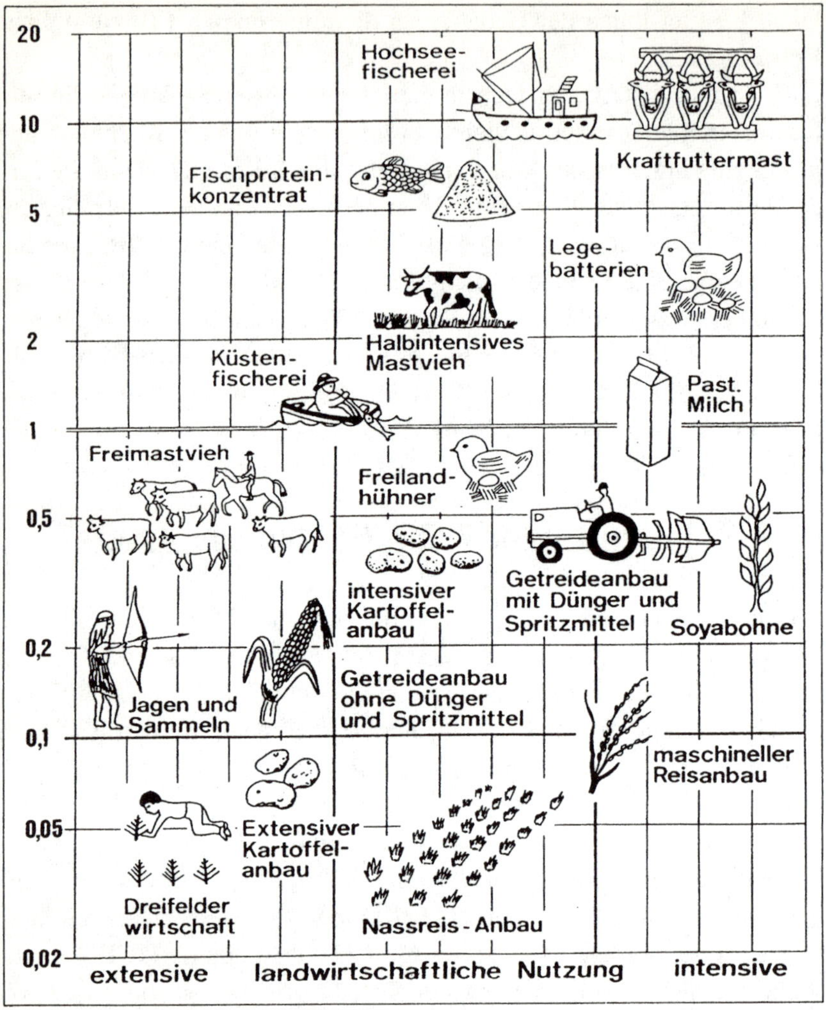

Bildquelle: Energie-Mitteilungen für Lehrer, 1/94, OKA, Linz

Auf der senkrechten Skala bedeutet beispielsweise „5", daß für die Erzeugung einer Nahrungsmittel-Kalorie 5 Kalorien „Fremdenergie" (Muskelkraft, Düngemittel, Treibstoff, Futtermittel usw.) aufgebracht werden müssen.

Hinweis zur Berechnung

Aus 1 kg Getreide werden etwa 1,0 bis 1,1 kg Brot (dieser Wert liegt bei Vollkornbrot etwas höher). Brot hat je nach Sorte 200 bis 300 Kalorien (kcal) pro 100 g. Laut dem Buch „Faktor 4" werden für eine Weizenkalorie etwa 0,1 bis 0,5 Kalorien Fremdenergie verwendet. Nehmen wir als Mittelwert 0,3 Kalorien Fremdenergie an, so werden für 1 kg Brot 250 x 10 x 0,3 = 750 kcal verwendet, also etwa 3.000 Kilojoule bzw. rund 0,87 kWh.

Der Emissionsfaktor für Dieseltreibstoff beträgt 0,28 kg CO_2 pro kWh; ein Kilo Brot „verursacht" somit eine Emission von etwa einem Viertelkilo CO_2, also etwa 5 CIP (Schwankungsbreite: 2 bis 8 CIP).

1.000 Kalorien (kcal) Fremdenergie (beispielsweise aus Diesel) entsprechen 4.170 : 3.600 x 0,28 x 20 = 6,5 CIP.

müssen[5] und außerdem zusätzliche Transport- und Verarbeitungsschritte anfallen. 85% der landwirtschaftlichen CO_2-Emissionen entstehen bei der Erzeugung von tierischen Nahrungsmitteln. Ißt man ein Fleischlaibchen, wird ca. 14mal soviel CO_2 emittiert wie beim Verzehr eines Getreidelaibchens. Tierhaltung nach ökologischen Kriterien würde eine Energieersparnis von 30 bis 75% pro Kilogramm Fleisch gegenüber der derzeitigen Intensivtierhaltung mit sich bringen.

So kommt es, daß der Sonntagsbraten nicht nur unser LIP-Kontingent ausschöpft, sondern auch unser CIP-Budget überstrapaziert.

Unsere Nahrung auf Reisen

Nicht nur bei der Produktion, sondern auch beim Transport wird Energie verbraucht. Da der Großteil der Nahrungstransporte auf der Straße stattfindet (und der Strom für die Bahn europaweit vorwiegend aus kalorischen Kraftwerken kommt), treten hier weitere CIP zutage. Grob gerechnet sind für eine Entfernung von 1.000 km (auf der Straße) 2 CIP/kg anzusetzen; 1 kg Orangen aus Spanien hat also etwa 3 Transport-CIP.

Diese Energiebelastung der Güter durch den Transport ist hier äußerst niedrig angesetzt. So kann man etwa annehmen, daß für die Herstellung eines Autos etwa die Hälfte der Energie aufgewendet werden muß, die es während seiner gesamten Lebensdauer verfährt.[6] Es ist daher wohl niedrig geschätzt, wenn wir insgesamt von einer Verdoppelung der reinen verfahrenen Energie ausgehen – somit 4 CIP/kg für 1.000 km, also 6 CIP für 1 kg spanischer Orangen.

Die CO_2-Belastung durch Nahrungsmitteltransporte ist also zwar beachtlich, aber dennoch niedrig im Vergleich zum Durchschnittsverbrauch des Österreichers (Tag für Tag etwa 400 CIP) – allein beim Fahren im eigenen Pkw werden *pro gefahrenem km* (bei 8 Litern/100 km) etwa 6 CIP verbraucht, also ebensoviel wie für 1 kg Orangen aus Spanien!

Wenn uns also Schuldgefühle eingeredet werden, weil wir gerne italienischen Rotwein trinken oder französischen Käse essen – lassen wir die Kirche im Dorf! Essen kann jeder nur beschränkt; ein Großteil der Lkw-Transporte betrifft ja nicht Nahrungsmittel, sondern Baustoffe, Industrierohstoffe und -fertigprodukte. So schmerzlich die Erkenntnis ist: Unsere eigene Mobilität verursacht ein Vielfaches der Umweltbelastung der Mobilität unserer Nahrung.[7] Wenn Sie beispielsweise mit Ihrem Auto zum Einkaufen fahren, kostet Sie ein Abstecher zu einem etwa 5 bis 10 km entfernten Supermarkt bereits Ihr ganzes CO_2-Tagesbudget!

Wie frisch ist eigentlich „frisch"?

Haben Sie schon einmal in Griechenland einen Granatapfel gekostet? Wenn ja, dann würden Sie nie auf die Idee kommen, hier in Österreich einen zu kaufen. Vorzeitig – noch halb unreif – geerntet, teilweise mit viel Chemie „fitgehalten", sind die Früchte, wenn sie bei uns auf den Tisch kommen, mit fahlem Fruchtfleisch und wäßrigem Geschmack nur eine Parodie ihrer selbst.

Ähnliches erzählen Afrikaner von unseren Bananen: In ihrer Heimat gäbe es Dutzende verschiedener Sorten mit reichem Geschmack – die mehligen, harten Dinger, die grün geerntet und bei uns als „Bananen" verkauft werden, schmecken ihnen nicht.

Ist es nicht eine Herausforderung für Sie, Ihren Gaumen zu schulen? Hunderte Apfelsorten gab es früher bei uns – die meisten stehen schon auf der „Roten Liste“ der gefährdeten Arten, fünf oder sechs Sorten dekken 99% des Verkaufs ab. Diese kommen großteils aus Apfelplantagen, wo sie intensiver chemischer Behandlung ausgesetzt sind.[8] Die anderen Sorten wachsen aber immer noch in Hausgärten und auf Streuwiesen und kommen kaum je mit Chemie in Berührung.

Aber auch in Ihrer Nähe gibt es sicher einen Bauernmarkt oder einen Bioladen. Kosten Sie doch einmal ein paar Spezialsorten – so wie ein Kenner verschiedene Weinsorten unterscheiden kann, werden Sie vielleicht lernen, Dutzende Apfelsorten am Aussehen und am Geschmack zu unterscheiden. Die wenigen Flecken und Falten auf der Oberfläche des Apfels sind geradezu ein Gütesiegel: ein sicherer Hinweis für chemiefreies Wachstum.

Und was für Äpfel gilt, gilt für alle heimischen Obst- und Gemüsesorten – wenn Sie sich tatsächlich auf dieses Geschmacksabenteuer einlassen, glauben Sie wirklich, daß Sie dann noch so viele „Südfrüchte“ kaufen werden wie heute?

Arche Noah in Ihrem Garten

Wenn Sie selbst einen Garten haben – oder in Ihrer Gemeinde, Ihrem Betrieb etc. mitzureden haben –, pflanzen Sie doch statt des üblichen Einerleis aus dem Gartenfachmarkt ein paar Bäume oder Sträucher, die schon seit jeher bei uns üblich waren und nun vom Aussterben bedroht sind! Zusätzlich zur Genugtuung, konkret etwas zur Erhaltung gefährdeter Arten beitragen zu können, haben Sie das Privileg wahrlich seltener kulinarischer Genüsse: Eine Papaya kann sich heute jeder leisten, aber eine fast ausgestorbene Birnenart ist die wahre exotische Spezialität!

Der Verein „Arche Noah“ bietet Ihnen Beratung und die Möglichkeit zur Bestellung von Samen bzw. Setzlingen an – der Katalog ist erstaunlich umfangreich.[9]

Im Rhythmus des Jahres

Fast jedes Obst und jedes Gemüse gibt es heute jahrein, jahraus im Supermarkt – und sei es von der Südhalbkugel.[10]

Sie gewinnen jedoch bedeutend an Lust und Genuß, wenn Sie sich auf den Rhythmus des Jahres einlassen. So wie man den heißen Sommer mit seinen Badefreuden schätzt und sich dann doch auch auf den Winter mit seinen Abenden in der warmen Stube freut, so können Sie – auch in der Stadt! – durch bewußteres Beobachten der Jahresrhythmen intensiver leben; etwa dadurch, daß Sie Obst und Gemüse erst dann kaufen, wenn es bei uns wächst. Probieren Sie es aus, lassen Sie das Jahr „ein- und ausatmen" – und „atmen Sie mit"![11]

Vorfreude ist die schönste Freude, heißt es. Und diese empfinde ich auch im Warten auf das erste heimische Obst nach dem langen Winter. Wenn einmal Erdbeeren auf dem Markt sind, dann sind die Tage schon länger und wärmer, die Sonne scheint mehr. Danach folgen unaufhaltsam die weiteren Früchte einer steigenden Jahreszeit.

Erdbeeren – Kirschen – Marillen. Dann ist Hochsommer! Das ist die Zeit von frischen Salaten und Obst in den verschiedensten Variationen, am liebsten aber frisch und direkt in den Mund. Picknicks und Grillabende, Spielplatz und Heuriger. Gefühl und Geschmack des Sommers. Wenn die Zwetschgen reif sind und es bei Oma Zwetschgenknödel gibt, dann ist schon eine gewisse Wehmut mit dabei: Jetzt folgen noch Birnen, aber dann ist der Herbst nicht mehr aufzuhalten. Bunte Blätter, Waldspaziergänge und süße Beeren bringt er mit, um nicht allzu harsch zu wirken. Und während ich mein Müsli noch mit den Beeren dekoriere oder die letzten Male Eis unter den heißen Himbeeren schmelzen lasse, bereite ich mich seelisch schon auf den Winter vor. Winter – wenn die Bäume kahl sind und es früh dunkel wird. Eine Zeit der Einkehr und der Besinnung für mich. Ich ruhe so, wie die Erde ruht, und das ist wichtig zur Neubildung von Energien.

Sangita Wilk-Sanatani

„Bio“ – was bringt's?

Daß biologische Nahrungsmittel für den Menschen wesentlich bekömmlicher und wohlschmeckender sind als andere, haben in Österreich schon mehr Menschen verstanden als anderswo. In keinem Land der Welt ist der Anteil an Bio-Bauern derart hoch, und dementsprechend groß ist auch der Konsum von Bio-Artikeln.

Was hat nun „bio“ mit der Umwelt zu tun? Der Verzicht auf Kunstdünger hilft, das Bodenleben zu erhalten, und auch auf Insekten und Vögel wirkt sich das Fehlen von „Pflanzenschutzmitteln“ positiv aus. Aber auch in die CIP/LIP-Rechnung geht die Wirtschaftsweise ein: Die Öko-Landwirtschaft verbraucht im Schnitt um 40% weniger Energie pro Kilogramm eines landwirtschaftlichen Produkts; somit können Sie von der CIP-Zahl zwei Fünftel abziehen, wenn Sie „bio“ essen.

Bei den LIP ist der Zusammenhang komplexer. Herkömmliche (chemiegestützte) Landwirtschaft laugt den Boden aus und verstärkt die Erosion; fruchtbares Erdreich wird weggewaschen, und langfristig wird der Ertrag – auch bei noch so starkem Chemieeinsatz – sinken. Wer also den Ertrag von 1 m² „konventionellem“ Getreide konsumiert (50 dag), trägt

Altväter-Landwirtschaft ist der Agrarindustrie überlegen

Mit dieser Meldung verblüffte die renommierte Wissenschaftszeitschrift „Nature“ (Vol. 396, S. 262) kürzlich ihre Leser. 15 Jahre lang haben US-Forscher drei Versuchsflächen bewirtschaftet, eine nach der Art der „Grünen Revolution“ – Mais-Monokulturen mit hohem Kunstdünger- und Pestizid-Eintrag –, die anderen beiden mit denselben Pflanzen, aber nach traditioneller Art, ohne Pestizide und Kunst-Stickstoff. Die Erträge unterschieden sich im Zehnjahresdurchschnitt um gerade ein Prozent, die „Bio“-Böden wurden jedoch fünfmal so stark mit Kohlenstoff angereichert und tragen somit zur CO_2-Reduktion in der Atmosphäre bei.

Ein anderes Experiment läuft seit 1843 (!) in Großbritannien: Hier sind die Erträge auf „natürlich“ gedüngten Versuchsflächen gar höher als auf kunstgedüngten (siehe „Der Standard“, 1. 12. 1998).

Der Chemieberater

Wenn Ihr Getreide nicht wachsen will, spritzen Sie einfach je 5 Liter „Superol".

Leider kippt es jetzt um. Macht nichts. Spritzen Sie je 10 Liter „Strongol".

Jetzt steht der Weizen. Leider auch das Unkraut. Spritzen Sie je 50 Liter „Samex".

Das gefällt dem Ungeziefer. Wenn schon. Spritzen Sie je 100 Liter „Milbex".

Für den natürlich ganz unwahrscheinlichen Fall, daß Ihr Körper den Genuß dieses Getreides übelnimmt ...

Keine Bange! Spritzen Sie 3x täglich „Sanostrong". Ihr Chemieberater.

Bildquelle: Hans Traxler, aus: Welt der Arbeit

dazu bei, daß auf diesem Quadratmeter in zehn oder 20 Jahren vielleicht nur mehr 45, 40 oder 30 dag Ertrag zustande kommen ...

Andererseits wird oft behauptet, daß Bio-Landbau im Schnitt um 20% geringere Erträge pro Quadratmeter habe (Getreide also etwa 40 dag); neue Untersuchungen (siehe Kasten auf S. 41) lassen hingegen vermuten, daß sich dieses Manko auf lange Sicht ausgleicht. Bio-Böden liefern ihren Ertrag jedoch auf jeden Fall „nachhaltig", d.h. auf unbegrenzt lange Zeit.

Da die Ertragsunterschiede zwischen biologischem und konventionellem Anbau somit nicht klar abzuschätzen sind, verzichten wir auf eine unterschiedliche LIP-Bewertung von Bioprodukten.[12]

Orangensaft ist gesund ...

In Österreich werden ca. 20 Liter Orangensaft pro Kopf und Jahr konsumiert; 80% davon kommen aus Brasilien. Hierbei verbraucht 1 Liter Orangensaft etwas mehr als 1 Quadratmeter fruchtbaren Boden – ein Viertel Ihres Tagesbudgets. Zusätzlich wird für Herstellung und Kühlung pro Liter Orangensaft ein Zehntelliter Erdöl verbraucht.[13] In den USA werden durch zusätzliche Bewässerung, maschinelle Ernte, Düngemittel etc. sogar unglaubliche 2 Liter Erdöl pro Liter Orangensaft verbraucht.

Trotzdem ist die Schlußfolgerung unzulässig, die Orangensaftproduktion in Brasilien sei vergleichsweise noch akzeptabel: Orangensaft in Brasilien bedeutet Kinderarbeit. Ein Viertel der 80.000 Arbeiterinnen und Arbeiter in der Provinz São Paulo ist noch nicht 18 Jahre alt; 3.200

Bildquelle: Zum Beispiel Orangen. Lamuv Verlag, Göttingen 1997

sind sogar jünger als 14 Jahre. Sie tragen in 25-kg-Körben bis zu einer Tonne Orangen pro Tag; am Wochenende sind sie dann zu erschöpft zum Spielen und noch mehr dafür, sich fortzubilden. Ohne die Mithilfe der Frau und der minderjährigen Kinder kann sich ein brasilianischer Bauer kaum mehr die tägliche Mahlzeit verdienen – fast das ganze Geld muß als Pacht an den Landbesitzer bezahlt werden. Übrigens sind in São Paulo 37% der Kinder unter 6 Jahren unterernährt.[14]

Wie wäre es statt dessen mit dem Konsum heimischer Fruchtsäfte, die auf kurzen Wegen – und vielleicht sogar „bio" – zu ihnen kommen?

Wenn schon von fern – dann fair!

Der gute Rat, Orangen- durch Apfelsaft zu ersetzen, läßt sich auf Kaffee, Schokolade, Tee und andere Genußmittel (was für eine zutreffende Bezeichnung!) nicht anwenden. Wer einmal Ersatzkaffee aus Getreide oder Zichorien probiert hat, weiß, warum sich diese Alternative nicht durchsetzen kann.

Also Schluß mit diesen Luxusgütern? Was wir ganz am Anfang des Buches gesagt haben, gilt auch hier: Es ist sinnlos, Ratschläge zu geben und Haltungen vorzuleben, denen kaum jemand anderer folgen wird. So ist es zumindest ein guter Kompromiß, derartige „Kolonialwaren" (so der bezeichnende frühere Name dieser Produkte) nur aus fairem Handel zu kaufen. Das bedeutet: Die Kleinbauern erhalten garantierte Mindestpreise, die ein Mehrfaches dessen ausmachen, was ihnen sonst die Zwischenhändler anbieten.

Immer mehr Menschen wollen Produkte mit dem guten Gefühl genießen, daß ihr günstiger Preis nicht aus Ausbeutung, Armut oder Kinderarbeit resultiert. TransFair-Produkte mit dem nebenstehenden Gütesiegel geben einem diese Gewißheit; sie werden in den „Weltläden" (früher „Dritte-Welt-Läden"), aber auch schon in vielen Supermärkten angeboten.

Auskunft: TransFair, Wipplingerstraße 32,
A-1010 Wien, Tel. (0043/1) 533 09 56
http://www.oneworld.at/transfair;
On-line-shopping unter
http://members.magnet.at/eza3welt/ezashop.htm

Mach Freude mit Blumen!

Jedes Jahr am Valentinstag und am Muttertag werden in Österreich viele Millionen Schnittblumen verkauft. Diese beiden Festtage wurden in Hinblick auf die Ankurbelung der Wirtschaft eingeführt und stellen – in geeigneten Abständen nach der weihnachtlichen Konsumorgie – zusätzliche Kaufanreize dar. Vor Geschäften und in Einkaufsstraßen werden den Passanten (in erster Linie den Passantinnen) fließbandartig Blumen aufgedrängt.

Leider müssen alle zum Valentinstag verkauften Schnittblumen entweder unter hohem Energieaufwand in Glashäusern gezogen werden, oder sie kommen – mit noch höherem Energieaufwand – per Flugzeug aus einem Land der Dritten Welt, etwa aus Kolumbien. Dort arbeiten vorwiegend Frauen zu Niedrigstlöhnen und sind einer starken Gefährdung durch hochdosierte Pflanzenschutzmittel ausgesetzt – zahlreiche Erkrankungen und Todesfälle sind die Folge. Außerdem werden große Flächen, die für die Nahrungsmittelproduktion verwendet werden könnten, von Blumenplantagen besetzt – jede Blume kostet also nicht nur einige CIP, sondern auch einige LIP!

Wenn man schon glaubt, sich dem Erwartungsdruck eines Geschenks nicht entziehen zu können, könnte man vielleicht auf ein Gesteck aus getrockneten Wiesenblumen oder aus Papier, einen Farbdruck (mit Blumenmotiven?) oder noch besser auf etwas Persönliches „umsteigen“ ...

Am Beispiel der Blumen wird die Vielschichtigkeit dieser Problematik gut erkennbar. Organisationen wie die „Frauensolidarität“ lehnen derartige Boykottaufrufe ab, weil sie vielen Frauen ihre letzte Einkommensquelle nehmen würden; statt dessen setzen sie sich für bessere Arbeitsbedingungen auf den Blumenplantagen ein. Vom Standpunkt des Umweltraums hingegen scheint ein völliger Verzicht auf Blumen aus der Dritten Welt und aus dem Glashaus besser. Sozial oder ökologisch falsche Produktionen (Extrembeispiele: Waffen, Drogen ...) dürfen nicht mit dem Arbeitsplatzargument „gerettet“ werden; wenn der Umstieg auf andere Produkte langsam genug erfolgt, ist er sozial verträglich.

Der fruchtbare Boden, auf dem jetzt Blumen wachsen, wird auch in Hinkunft nicht brachliegen; daher werden Arbeitskräfte für die Feldarbeit immer benötigt werden. Ein ähnliches Argument gilt für den brasilianischen Bauern und seine Familie; unser Umstieg auf heimische Obstsäfte wird – wenn überhaupt – ja nicht abrupt erfolgen, sodaß plötzliche Massenarbeitslosigkeit nicht zu befürchten ist; hingegen ist ein Umstieg auf „fair gehandelten“ Orangensaft ökologisch gesehen bedeutungslos.

Des Menschen bester Freund ...

Hunde fressen viel Fleisch, und – siehe oben – Fleisch braucht viele, viele LIP. Rechnet man etwa eine 400-Gramm-Dose pro Tag, so sind das ca. 160 LIP, also weit mehr, als *Ihnen* von Rechts wegen zustünde (dazu noch die für Herstellung und Transport der Dosen nötigen CIP). Natürlich kann man argumentieren, daß Hunde- und Katzenfutterdosen nur Fleischabfälle enthalten, die für den menschlichen Genuß nicht geeignet wären – nur stimmt das nicht. Nach den österreichischen Vorschriften muß Tierfutter eine so hohe Qualität haben, daß es auch für menschlichen Genuß geeignet wäre. Und „aus Liebe zum Tier“ werden ja vermehrt exquisite Spezialitäten („Wildkaninchen“ etc.) zu entsprechenden Preisen in der Werbung angepriesen und gekauft.

Da unser Fleischkonsum nämlich bereits einen hohen Sättigungsgrad erreicht hat, versuchen die Lebensmittelkonzerne, über Hunde- und Katzenfutter ein weiteres Standbein aufzubauen. In Österreich lebt bereits in jedem fünften Haushalt ein Hund und in jedem dritten eine Katze – Tendenz steigend. 30% des tierischen Kalorienbedarfs werden bereits

„Mit einem eindringlichen Appell an die 176 Mitgliedsstaaten, mehr Mittel für die weltweite Hungerhilfe bereitzustellen, hat Generaldirektor Jacques Diouf (Senegal) am Samstag in Rom eine Konferenz der FAO eröffnet. Die FAO helfe rund 800 Millionen Hungernden und somit ‘Menschen aus Fleisch und Blut’, sagte Diouf. Der gegenwärtige Etat der Organisation mache pro Jahr gerade die Summe aus, die in neun Industriestaaten in einer Woche für Katzen- und Hundefutter ausgegeben werde.“

(„Salzburger Nachrichten“, 23. 10. 1995)

MELDUNGEN

KRANK VOR HUNGER Über sechs Millionen Menschen, vor allem Kinder, sterben jährlich im Zusammenhang mit Unterernährung: Sie verhungern nicht, aber der geschwächte Körper zieht Infektionskrankheiten an. Nun wurde das Hormon Leptin als Schlüssel identifiziert: Es stimuliert das Immunsystem, wird aber von hungrigen Körpern kaum produziert. Die Forscher schlagen vor, Hungernde wenigstens mit Leptin zu versorgen.

KRANICH-KUNSTGELENK Erstmals wurde einem Vogel ein künstliches Fußgelenk implantiert: Ein Sibirischer Kranich, Vertreter einer höchst gefährdeten Art und wichtiges Mitglied einer US-Zuchtstation, erhielt es in einer vierstündigen Operation, weil er an schwerer Gicht leidet.

Gefunden in „Der Standard", 2. 9. 1998

durch industriell gefertigte Heimtiernahrung abgedeckt. Mittelfristig rechnet man in der Branche mit einem Anstieg auf 60%. Damit dies zustande kommt, investieren Lebensmittelkonzerne jährlich hunderte Millionen Schilling in die Werbung von Tiernahrung (schauen Sie einmal genau hin, wieviel Werbespots für Tiernahrung im Fernsehen vorkommen!).

Natürlich: Wenn Sie schon einen Vierbeiner daheim haben, wäre es inhuman, ihn zu verstoßen – sie könnten sich jedoch ein wenig um seine Familienplanung kümmern und den Fleischanteil seiner Nahrung reduzieren. Wenn Sie sich aber mit dem Gedanken tragen, ein Haustier anzuschaffen, sollten Sie überlegen, daß es von den begrenzten Nahrungsressourcen der Erde womöglich ein größeres Stück beanspruchen würde, als drei Viertel Ihrer Mitmenschen bekommen ...[15]

Tut es – wenn es schon ein Hund sein muß – nicht auch ein ganz kleiner? Oder ein „Gemeinschaftshund" für mehrere benachbarte Familien – er würde ja dann auch viel mehr Auslauf bekommen, weil jeder mit ihm spazierengehen will. (Achtung: Hier stoßen wir zum ersten Mal auf das „Mein"-Problem – es wird uns in den folgenden Kapiteln noch öfter begegnen.)

Anmerkungen

1 Gemeint sind die Durchschnittseuropäerin bzw. der Durchschnittseuropäer.

2 Die Zahlen der Hektarerträge wurden entnommen aus: Friends of the Earth Europe: Towards Sustainable Europe. Brüssel 1995; deutsche Land- und Forstwirtschaftsstatistik: http://www.brandenburg.de/statreg/daten_06/d06b03.htm

3 In den letzten 40 Jahren gab es eine Vervierfachung der Fleisch-Weltproduktion. Jeder Österreicher konsumiert im Schnitt rund 25 dag täglich – das entspricht seinem kompletten Boden-Umweltraum. Da natürlich noch andere landwirtschaftliche Produkte konsumiert werden, belegt jeder von uns (ausgenommen Leute, die sich fleischarm ernähren) einen Teil des Umweltraums anderer Menschen. Die Folge – die Industriestaaten verbrauchen mit einem Viertel der Weltbevölkerung drei Viertel der gesamten agrarischen Produktion.

4 Während traditionelle Bauern in der Dritten Welt mit dem körperlichen Einsatz einer Kilokalorie 10 Kilokalorien Eßbares erwirtschaften, sieht das Verhältnis hierzulande umgekehrt aus – ein High-Tech-Landwirt (beispielsweise im Marchfeld) braucht für jede Kilokalorie, die er aus dem Boden holt, rund 10 Kilokalorien für Traktoren, Mähdrescher, Bewässerung, Pestizide und Düngemittel.

5 Da die USA eine geringe Bevölkerungsdichte haben, ergibt sich aus dem Umweltraumkonzept, daß ein großer Teil ihrer landwirtschaftlichen Fläche für Nahrungsmittelexporte zur Verfügung stehen sollte. Tatsächlich exportieren die USA riesige Mengen Getreide; zwei Drittel davon werden allerdings an Vieh verfüttert, das dann Fleisch für die Tische der „Reichen" liefert.
In Brasilien werden 18% des Ackerlandes für den Sojaanbau verwendet – der Ackerboden, der 40 Millionen Brasilianerinnen und Brasilianer mit Nahrung versorgen könnte, liefert nun das Futter für 40 Millionen Mastschweine. Sicher auch ein Beitrag dazu, daß die ärmsten Schichten der Bevölkerung zur Rodung und Kultivierung des Regenwaldes schreiten müssen ...

6 Genaugenommen muß auch der Energiebedarf für Straßenbau, Verkehrsüberwachung, Raffinerien, Krankenhausbau etc. anteilig unseren Orangen zugeschlagen werden.

7 Außerdem setzt der Umweltraum-Ansatz (Exporte dünnbesiedelter in dichtbesiedelte Regionen) großräumigen Lebensmitteltransport geradezu voraus.

8 Ein einziger Apfel wird im Verlauf seines Wachstums bis zu vierzigmal mit verschiedenen chemischen Substanzen behandelt.

9 Adresse: Arche Noah, Obere Straße 40, A-3553 Schiltern/Langenlois, Tel. (0043/2734) 8626, Fax (0043/2734) 8627. Der Schaugarten ist im Sommer jeden Samstag und Sonntag von 14 bis 18 Uhr geöffnet.

10 Nebenbei bemerkt: Die oben angeführte geringe Umweltbelastung durch Nahrungsmitteltransporte gilt nicht für den Flugverkehr. Weil Flugzeugtreibstoff – durch Steuerbefreiungen und Subventionen – unglaublich billig ist, wird es erschwinglich, Obst aus anderen Kontinenten einzufliegen. Und hier kommen auf 1 kg Obst oft mehrere kg CO_2; so verursacht etwa 1 kg Trauben aus Südafrika ca. 11 kg CO_2-Ausstoß, also das doppelte CO_2-Tagesbudget!

11 In Ländern der Dritten Welt wird nur getrocknetes und gedörrtes Gemüse und Obst entwicklungspolitisch sinnvoll und ökologisch vertretbar produziert. Die Waren können dezentral produziert, teilweise mit Sonnenenergie verarbeitet und energiesparend mit Frachtschiffen transportiert werden.

12 Die in diesem Buch angegebenen Erträge beziehen sich auf konventionellen Landbau.

13 Ein Liter Erdöl hat einen Energieinhalt von etwa 10 Kilowattstunden und erzeugt bei Verbrennung etwa 3,5 kg CO_2 – also fast das komplette Tagespensum.

14 Weitere Informationen finden sich im Buch „Zum Beispiel Orangen“ von Brigitte Pilz (Göttingen 1997).

15 Verzicht auf Dosenfutter bringt nur energiemäßig (= CO_2-mäßig) etwas; auch wenn man beim Fleischhauer etwas für den Hund kauft, wird deshalb nicht weniger Bodenfläche für diese Fleischproduktion verwendet!

3. Wie kleiden Sie sich?

Öffnen Sie Ihren Kleiderschrank – zumindest in Gedanken. Gibt es da nicht ein paar Stücke, an denen Ihr Herz hängt? Etwa einen Pullover, mit dem Sie schon einmal durch Frankreich getrampt sind, ein Käppchen, das Ihnen einmal ein lieber Mensch geschenkt hat, einen Rock, mit dem Sie einen unvergeßlichen Waldspaziergang verbinden, vielleicht sogar ein Hemd, das Sie von Ihrem Großvater geerbt haben ...

Es gibt aber auch „Massenware": ein Haufen T-Shirts, von denen Sie ohnehin die meisten nicht mehr tragen können oder wollen (ausgeleiert, ausgebleicht, ein Fleck, ein Loch, unmodern geworden ...), billige Hosen, Pullis, eine Unmenge Schuhe, die eigentlich nicht mehr „in" sind ... Unwillkürlich entkommt Ihnen ein Seufzen: Ja, schon längst müßten Sie Ihren Kleiderschrank wieder einmal durchräumen und ausmisten ...

Eigentlich haben Sie zuviel Gewand. Sie wissen es wahrscheinlich selbst – die Argumente auf den nächsten Seiten sind gar nicht mehr notwendig. Zuviel Gewand bedeutet nicht nur bedrückende Enge in Ihrem Kleiderschrank, sondern auch zuviel Bodenfläche und Energie bei Herstellung und Transport und zuviel Abfall bei der Entsorgung.

Stellen Sie sich vor, sie haben nur mehr halb so viele Stücke im Kleiderschrank: Sachen, bei deren Einkauf Sie darauf geachtet haben,

- daß sie gut gearbeitet sind und somit lange halten,
- daß sie zu Ihnen (und nicht zur Mode) passen, sodaß Sie langfristig eine „emotionale Beziehung" zu ihnen aufbauen können,
- und daß sie möglichst giftfrei sind – viele Textilfarb- und -zusatzstoffe sind krebs- oder allergieerregend ...

„Zufällig" wird sich herausstellen, daß Sie damit auch etwas gegen den Treibhauseffekt, den Welthunger und die Kinderarbeit in der Dritten Welt getan haben – schadet ja auch nicht, oder?

Tun Sie sich etwas Gutes – die Erde profitiert mit.

Bestandsaufnahme: Was wir tragen

In verschiedenen Kulturkreisen sind die Bekleidungsbedürfnisse stark unterschiedlich. Das hängt einerseits mit dem Klima zusammen, andererseits mit kulturellen Unterschieden (Scham, Prestigebedürfnis ...).

Der jährliche Verbrauch an Textilien liegt in Österreich bei rund 15 kg pro Person[1] und somit etwa zehnmal höher als in Ländern der Dritten Welt. Nun mag ein Vergleich mit den Indianervölkern Südamerikas nicht gerade zielführend sein, interessant ist jedoch ein Vergleich mit unserer eigenen Geschichte: Heute verbrauchen wir wesentlich mehr Textilien als vor 20 Jahren, und dieser Trend setzt sich fort.

Rund die Hälfte der in Österreich verwendeten Textilien besteht aus Baumwolle. Die dafür nötigen Baumwollfelder bedecken etwa 600 Quadratmeter[2] pro Kopf der österreichischen Bevölkerung, also mehr als ein Drittel unseres Umweltraums an fruchtbarem Boden.

Auch die Wollproduktion benötigt Flächen, allerdings nur Weideflächen, die in den meisten Fällen nicht für Ackerbau genutzt werden könnten. Da zusätzlich noch Fleisch, Käse etc. anfällt, scheint Schafzucht unter dem Aspekt der Nachhaltigkeit weniger bedenklich. Der Rat liegt also nahe, Baumwolle verstärkt durch Schafwolle zu ersetzen.

Das ist jedoch ein Trugschluß: Es zeigt sich, daß unser derzeitiger Schafwollverbrauch – etwa ein Dreiviertelkilo pro Kopf – bereits zwei Drittel des uns zustehenden Umweltraums an Weidefläche (etwa 1.130 Quadratmeter pro Kopf der Weltbevölkerung) ausmacht.[3] Eine weitere Steigerung scheint daher kaum praktikabel.

Öko-Bewußte als Nachhaltigkeits-Sünder?

Wer heute als „öko“ gelten will, verzichtet auf Kunstfasern und kleidet sich ausschließlich mit Naturtextilien. Was für die Betreffenden durchaus ein erhöhtes Lebensgefühl bedeuten mag, hat global gesehen erschreckende Folgewirkungen. Verändern diese Umweltbewußten nämlich nicht zugleich ihr Konsumverhalten (Senkung des Gesamtkonsums an Textilien), so verbrauchen sie praktisch die doppelte Menge an Wolle, Baumwolle, Leinen etc. – somit würde fast ihr ganzer Boden-Umweltraum für ihre Bekleidung draufgehen.[4]

Noch „schlimmer" wird es, wenn man aus Gesundheitsgründen (und aus Gründen der Ökologie) möglichst biologisch hergestellte Baumwolle verwendet – hier ist für die gleiche Menge rund die doppelte Anbaufläche erforderlich.[5] Kunstfasern sind somit unverzichtbar, solange wir nicht unseren gesamten Textilkonsum drastisch reduzieren.

Textilien brauchen Energie

Der vorige Abschnitt legt den Schluß nahe, ein möglichst weitgehender Umstieg auf Kunstfasern wäre der Stein der Weisen; weltweit würden riesige Ackerflächen für die Nahrungsmittelproduktion frei. Dieser Vorteil der Kunstfasern wird jedoch durch den erhöhten Energieverbrauch wettgemacht: Für 1 kg Polyestergewebe etwa ist mehr als doppelt soviel Energie (und somit CO_2) nötig als für die Produktion von 1 kg Baumwollstoff[6]: 7,7 statt 3,7 kg CO_2 (zur Erinnerung: das CO_2-Tagesbudget beträgt 4 kg!).

Hier war nur von der Herstellung die Rede. Für den Transport von Baumwollprodukten kommen nochmals ca. 0,3 kg CO_2 pro kg Baumwollstoff hinzu[7]; ein Teil davon ließe sich durch die Verwendung heimischer Textilfasern einsparen. Allerdings zeigt sich, daß die Transportenergie gegenüber der Herstellungsenergie kaum ins Gewicht fällt – mehr als 5 bis maximal 10% der Gesamtenergie und somit der CO_2-Emissionen sind auch durch radikale Verkürzung der Transportwege nicht einsparbar. Umgekehrt werden Textilfasern in der Dritten Welt (infolge der billigen menschlichen Arbeitskraft) mit wesentlich weniger Fossilenergieeinsatz als in den Industrieländern hergestellt[8] – der Unterschied beträgt hier deutlich mehr als die angeführten 0,3 kg CO_2 pro kg Baumwollstoff.

Vom Boden- und vom Energieverbrauch her gesehen bringt also Ausweichen auf heimische Pflanzenfasern nichts!

Baumwolle – ökologische und soziale Argumente

Baumwolle ist eine sehr anspruchsvolle Pflanze und muß intensiv bewässert werden. Die wohl größte Umweltkatastrophe nach Tschernobyl spielt sich in Usbekistan rund um den Aralsee ab, wo sich eines der größten Baumwollanbaugebiete der Welt (ca. 7.500 km^2, also größer als Vorarlberg) befindet. Zur Bewässerung wurden die beiden Zuflüsse des Aralsees angezapft. Der Wasserspiegel dieses viertgrößten Binnenmeeres der Welt ist seit 1960 um 13 Meter gesunken; seine Fläche ist von 68.000 auf 39.000 km^2 geschrumpft. Muyarsk, ehemals eine Hafenstadt, liegt heute 70 km vom Ufer entfernt. Die Böden sind durch Kunstdünger und Pestizideinsatz verseucht und versalzt, kein einziger Fisch lebt mehr in dem Gewässer, das einst durch seinen Fischreichtum den Küstenbewohnern eine solide Existenzgrundlage bot. Stürme fegen über die riesige Salzwüste und laden Tonnen von Sand und Salz in den Nachbarregionen ab. In den Baumwollanbaugebieten Usbekistans sterben im Vergleich zu den anderen GUS-Republiken doppelt so viele Menschen an Krebs. Die Kindersterblichkeit ist enorm hoch; die Lebenserwartung ist auf 38 bis 40 Jahre gesunken.

Die größte Baumwollplantage der Welt ist das Gebiet von Gezira im Sudan (ca. 8.000 km^2, entspricht etwa Kärnten). Die einheimische Bevölkerung wurde, wie stets in solchen Fällen, aus den fruchtbaren Ebenen in die unfruchtbaren, ökologisch äußerst sensiblen Randgebiete vertrieben, wo sie um ihr existentielles Überleben kämpft.

Durch den übermäßigen Einsatz von Chemie nimmt die Bodenfruchtbarkeit ab, und die Schädlinge werden immer resistenter. Somit vermindern sich die Gewinne, es muß noch mehr und noch effizienter produziert werden. Die Folgen sind nicht nur für das Ökosystem gravierend, sondern auch für die Arbeiter und Arbeiterinnen auf den Baumwollplantagen.

In den meisten Fällen sind 50 bis 60 Arbeitsstunden pro Woche üblich, ebenso mangelnde Sicherheitseinrichtungen, Kinderarbeit und Schädigungen durch Gifte: Nach Schätzungen sterben weltweit 28.000 Menschen im Jahr an den direkten Folgen der bei Baumwollanbau und -verarbeitung eingesetzten Chemikalien. Kein Wunder – die Baumwollfelder werden ca. zwanzigmal pro Jahr mit Giften besprüht. All das – sowie diverse „Veredelungs"-Chemikalien[9] – ist natürlich auch in dem Baumwoll-T-Shirt enthalten, das Sie kaufen. Sie sollten es daher unbedingt vor dem ersten Tragen waschen, damit wenigstens das Ärgste weggeht!

Entsorgen von Textilien

Wohin mit den alten Sachen, wenn der Kleiderschrank übergeht und die neuen Kollektionen schon wieder aus den Schaufenstern lachen? Zur Gewissensberuhigung gibt es Altkleidersammlungen für bedürftige Menschen. Unsere Spendenfreudigkeit sollte aber nicht das Alibi für gedankenlosen Konsum sein.

Was gekauft wird, wird irgendwann einmal auch weggeworfen – Tausende Tonnen Alttextilien werden Jahr für Jahr von Caritas, Rotem Kreuz und anderen humanitären Organisationen eingesammelt. Nicht mehr tragbare Sachen werden an Privatfirmen verkauft, die die Gewebe entweder auftrennen und neu spinnen oder sie zu Putzlappen, Karton u.ä. weiterverarbeiten. Noch tragbare Sachen füllen die Kleiderkammern der Organisationen; Obdachlose und andere Bedürftige können sich hier (nahezu) kostenlos einkleiden.

Ein beträchtlicher Teil der eingesammelten Textilien geht ins Ausland – zum Überbrücken momentaner Not, etwa bei Naturkatastrophen und Flüchtlingsströmen, aber auch kontinuierlich –, vor allem in die Dritte Welt, wo die Sachen von Missionaren, Entwicklungshelfern oder lokalen humanitären Organisationen weiterverteilt werden.

Daß das Einsammeln von Altkleidern sinnvoll ist, sei hier nicht bestritten, wohl aber die Annahme, daß man damit der Dritten Welt in jedem Fall etwas Gutes tut. Die negative Folge ist oft, daß durch geschenkte oder sehr billige, noch dazu qualitativ recht hochwertige Kleidungsstücke dem einheimischen Textilhandel eine starke, oft tödliche Konkurrenz erwächst. Auch die in diesen Ländern so zahlreichen privaten Schneiderinnen und Schneider, die bisher mit Nähen ihren Lebensunterhalt verdienten, können solcher Konkurrenz nicht mehr standhalten und geben auf. In Zimbabwe protestieren z.B. schon die Gewerkschaften gegen Textilspenden aus Europa.[10] So degradieren wir durch unsere „wohlgemeinte Hilfe" (in Wirklichkeit: egoistische Gewissensentlastung) andere zu Hilfsempfängern, anstatt sie als Partner zu akzeptieren.

Übrigens: Sind Textilien für die Kleidersammlung unbrauchbar, so sind sie ordnungsgemäß im Hausmüll zu entsorgen. Wolle und Seide können kompostiert werden, Pflanzenfasern eignen sich nicht dafür.

Die „bösen M": Mode und Makellosigkeit

Die bunte Vielfalt der angebotenen Kleidungsstücke erfreut unsere Augen; sie ermöglicht uns, durch gezielte Auswahl der Mitwelt viel über uns, unsere Ansichten und unser Lebensgefühl mitzuteilen. In unserer Kultur können wir uns nicht mehr vorstellen, auf uniformartige „Trachten" vergangener Jahrhunderte zurückzugreifen – außer eben wieder gezielt, um bestimmte Inhalte (Traditionsbewußtsein etc.) auszudrükken. Sogar die in den letzten Jahrzehnten ursprünglich als „Weltuniform" – als Opposition zur Modevielfalt – aufgetauchten Jeans haben eine neue, eigene Vielfalt entwickelt.

„Mode" ist allerdings etwas anderes als unser berechtigter Wunsch nach Ausdruck unserer Individualität durch Kleidung – ja sie ist sogar das Gegenteil davon. Wo wenige „Modezaren" bestimmen können, was Millionen tragen – und, noch schlimmer: was Millionen zu gefallen hat! –, ist die Freiheit des einzelnen nur mehr eine Floskel.

Das wäre nicht weiter schlimm – hätte nicht das jährlich wechselnde Karussell der Mode (einmal lang, einmal kurz, einmal breit, einmal schmal etc.) vor allem den Sinn, Sachen aus dem Vorjahr „untragbar" zu machen und somit den Konsum anzuheizen. Der Philosoph Günther Anders drückt das so aus: „Mode ist eine Maßnahme der Industrie, durch die sie sich an der Haltbarkeit der Produkte rächt. Den noch gut wärmenden Mantel macht sie, da sie ihn physisch nicht ruinieren kann, sozial unvertretbar."

Fast ebenso schlimm ist das Diktat der Makellosigkeit. Ein Pulli, der den kleinsten Fleck hat, ist reif für die Waschmaschine – und wenn das nicht hilft, für die hochgiftige Fleckentfernung daheim oder in der Putzerei. Oder man wirft ihn einfach weg ... Dasselbe gilt für die Hosen, deren Beine unten ein wenig ausgefranst sind; für das Sakko, bei dem die Taschen etwas ausgebeult sind etc. Ein Großteil der Textilwaren, die wir weggeben, wäre in früheren Generationen als einwandfrei und bestens tragbar erschienen. Auch dieser Reinlichkeits- und Perfektionskult wird von der Werbung auf das intensivste gepflegt (Stichwort: „Nicht nur sauber, sondern rein!").

Diese beiden „bösen M" sind sicher für mehr als die Hälfte unseres Textilkonsums verantwortlich. Hier allerdings radikal „auszusteigen", ist kaum jemandem möglich – und wohl auch nicht sinnvoll. Denken Sie doch an die ersten Seiten dieses Büchleins: Wer in zerrissenen Jeans herumläuft, wird – außerhalb seiner Clique – als nicht ganz ernst zu nehmender Sonderling betrachtet und hat damit kaum gesellschaftliche Wirkung. Wenn Sie jedoch einen Rock, eine Hose, ein Paar Schuhe, das Sie „eigentlich" schon weggeben wollten, weil es nicht mehr ganz der Mode entspricht oder nicht mehr makellos ist, noch ein paar Wochen länger tragen, haben Sie ein kleines Mosaiksteinchen zum gesellschaftlichen Umdenken beigetragen – umsomehr, wenn Sie auch zu Freunden darüber sprechen. Und wenn Sie Ihr beschädigtes Gewand flicken[11], sparen Sie Geld und zugleich Energie und Bodenfläche ein.

Übrigens: Second-Hand-Shops sind ein prima Umschlagplatz für – teils originelle – Kleidung. Und wer seine gebrauchten Sachen dort verkauft, tut gut daran, gelegentlich auch dort einzukaufen – wer sich nicht „zu gut" ist, auch gebrauchte Kleidung zu tragen, trägt dazu bei, daß das „zweite Leben" von Kleidungsstücken gesellschaftlich akzeptiert wird.

Was also tun?

Kurz zusammengefaßt: Unser Textilverbrauch belegt einen großen Teil unserer Flächenbudgets an fruchtbarem Ackerland (vorwiegend für Baumwolle; ein Drittel des Ackerland-Umweltraums) sowie Weideland

(Wolle; zwei Drittel des Weideland-Umweltraums) und einen nicht unbeträchtlichen Teil (etwa 5 bis 10%) unseres CO_2-Budgets. Er ist verantwortlich für soziale und ökologische Probleme in der Dritten Welt.

Umsteigen von Baumwolle auf Wolle ist in großem Stil nicht möglich; Wechseln auf heimische Fasern wie Hanf oder Flachs bringt flächen- und CO_2-mäßig nichts, und auch die sozialen und ökologischen Probleme werden dadurch nur bedingt gelöst, da wir bei verstärkter Nutzung der heimischen Böden für Textilfaserproduktion dann eben mehr Lebensmittel (aus der Dritten Welt!) importieren müßten ...

Einzig und allein der verstärkte Einsatz von Kunstfasern kann die Flächenbilanzen verbessern, allerdings um den Preis der Verdoppelung[12] der CO_2-Emissionen und erhöhter Gefahren durch krebsverdächtige (oder allergieauslösende) Substanzen[13]. Diese Gründe – sowie der erhöhte Tragekomfort und das sinnliche Vergnügen bei Naturstoffen – lassen uns vor der Empfehlung zurückschrecken, man möge sich möglichst vollständig in Plastik hüllen.[14]

Wer allerdings besonders gesund leben will und „Bio“-Naturfasern vorzieht, braucht dafür doppelt soviel Fläche wie für „normale“ Naturfasern[15]; und braves Mittun bei der Altkleidersammlung ist auch kein Freibrief für unseren Überkonsum. Es sieht also aus, als gäbe es keinen Ausweg aus dem Dilemma ...

Gut statt viel

Die Lösung ist in Wirklichkeit ganz einfach: Wir alle sollten wesentlich weniger Gewand kaufen. Wenn wir beispielsweise nur halb so viel Kleidung kaufen, dafür aber gleich viel wie vorher ausgeben, haben wir weniger, aber schönere Sachen, die meist viel länger halten – sagen wir, der Einfachheit halber, doppelt so lang.

Der Kleiderkasten ist also ebenso voll, allerdings mit Stücken erlesener Qualität. Nur der „Durchsatz“ – einerseits der Kauf von Textilien, andererseits die Textilmüllmenge – hat sich auf die Hälfte verringert.

Sie merken: Es geht gar nicht um Verzicht. Ihre Lebensqualität steigt, weil Sie viel schönere Sachen haben. Der einzige Wermutstropfen: Sie können nur halb so oft ein neues Stück erwerben – und dem rasenden Tanz der Modetrends nicht mehr ganz folgen. Das halten Sie nur dann aus, wenn Sie lernen, es zu genießen, selbstbewußt über so manche Modetorheit zu lächeln und immer präziser Ihren eigenen Stil, Ihre eigene Persönlichkeit auch in Fragen der Kleidung zu entdecken. Sie werden wahrscheinlich merken, daß Ihre Wirkung auf andere Menschen – insbesondere auf die, an deren Urteil Ihnen liegt – steigt.

Und wenn Sie beim Bummeln auf dem Flohmarkt oder in einem Second-Hand-Shop das eine oder andere originelle Stück sehen – kaufen Sie es als Aufputz für Ihre Garderobe und freuen Sie sich doppelt darüber! Einerseits schont es Ihre Geldbörse, andererseits ist es wesentlich „LIP- und CIP-ärmer", denn die Belastung des Boden- und CO_2-Budgets kann ja zum größten Teil dem Erstbesitzer zugerechnet werden.[16]

Welche Auswirkungen hat „gut statt viel" beim Kleiderkauf? Wenn Sie bereit sind, doppelt so viel für ein Kleidungsstück auszugeben, können Sie auch darauf achten, daß beispielsweise die Baumwolle aus biologischem Anbau stammt oder die Behandlung des Stoffes ohne allzuviel Chemie erfolgt ist. Das ist gut für Ihre Haut – und gut für die Umwelt. Langfristig tragen Sie auf diese Weise dazu bei, daß ein Markt für Bio-Baumwolle entsteht.

Ihr geändertes Konsumverhalten hat aber auch Auswirkungen auf den Arbeitsmarkt. Wenn Sie gleich viel Geld für die halbe Menge Baumwolle (und noch weniger Chemiegift) ausgeben, heißt das, daß ein größerer Anteil Ihrer Schillinge in den Dienstleistungssektor fließt – und dort Arbeitsplätze schafft. Diese Arbeitsplätze – in Boutiquen, in kleinen Textilstudios, im Handel – sind ziemlich „öko", weil sie mit einem geringen Material- und Energieeinsatz auskommen und fast die ganze Wertschöpfung menschlicher Arbeitskraft entspringt.

Umgekehrt kann natürlich gesagt werden, daß Arbeitsplätze im Sudan oder in Usbekistan verlorengehen, wenn weltweit nur mehr halb so viel Baumwolle gekauft wird.[17] Durch den verschärften Wettbewerbsdruck werden die Arbeitsbedingungen wahrscheinlich noch unmenschlicher und der Chemieeinsatz noch wahnwitziger werden. Wie hier gegengesteuert werden kann, ist noch unklar. Ein Modell könnte sich an die Flächenstillegungsprämien der EU anlehnen, die allerdings von der

Einhaltung sozialer und ökologischer Mindeststandards auf den verbliebenen Flächen abhängig gemacht werden müßten. Klar ist in jedem Fall: Die reichen Industrieländer, die jahrzehntelang von extrem billigen Baumwollpreisen profitiert haben, haben die moralische Verantwortung, den baumwollproduzierenden Ländern – und ihren Bewohnern – bei der Umstrukturierung ihrer Wirtschaft zu helfen.

Nicht nur auf der politischen, sondern auch auf der individuellen Ebene kann etwas zur Lösung des sozialen Problems im Textilbereich unternommen werden. Ein Ansatz dazu ist das „Double Income Project" (DIP). Seit 1995 gibt es in der Schweiz dieses Label, das verspricht, die „sozialverträgliche Textilproduktion in Billiglohnländern zu fördern". Gemäß Angaben der Stiftung wird den Beschäftigten in der Kollektion – vom Zuschneiden über das Nähen, Bügeln und Einpacken – „doppelter Lohn" ausbezahlt: jedoch nicht bar, sondern in Form von Investitionen in die medizinische und soziale Infrastruktur des Unternehmens. DIP-Betriebe gibt es zur Zeit in Kenia, Indien, Bangladesch und Peru. DIP ist ein Pionierprojekt; leider existiert noch kein derartiges Programm für die in der Baumwollproduktion Beschäftigten.

Textil-Etiketten

Die Sehnsucht nach gesunden Produkten im Einklang mit der Natur kann von Menschen, die Vorteile aus der Irreführung ihrer Kunden ziehen wollen, mißbraucht werden. Bei der Etikettierung sind der Phantasie scheinbar keine Grenzen gesetzt; die Bezeichnungen reichen von „hautsympathisch" über „Naturprodukt" bis „Endausrüstung mit kristallklarem Wasser" und sind ebenso nichtssagend wie irreführend.

Laut Textilkennzeichnungsgesetz muß jedes Textilstück in Österreich ein Etikett haben, das über die Zusammensetzung des Stoffes Auskunft gibt. Man sollte sich allerdings nicht zu sehr auf das Etikett verlassen, da die Angaben sehr unpräzise sind (und sein dürfen) – so muß Formaldehyd erst ab 1.500 ppm (parts per million = 1 Teil auf eine Million Teile) deklariert werden, obwohl der Grenzwert etwa in Unterwäsche für Erwachsene bei 75 ppm liegt; chemische Hilfsstoffe und Farben müssen überhaupt nicht deklariert werden.

Wenn auf dem Etikett „100% Baumwolle" steht, so heißt das nur, daß das Textilstück zu mindestens 70% aus Baumwolle bestehen muß. In Wirklichkeit kann das also z.B. bedeuten: 73% Baumwolle, 2% Polyacryl, 8% Farbstoffe, 14% Harnstoff-Formaldehydharz, 2,7% Weichmacher, 0,3% optische Aufheller – und dazu wahrscheinlich noch giftige Rückstände aus Spritzmitteln.

Es ist verständlich, daß nach anderen Möglichkeiten gesucht wurde, Textilqualität – wie immer sie auch definiert wird – zu kennzeichnen. Wollsiegel und Baumwollzeichen geben keine Auskunft über Schadstoffe in den Textilien; hier ist der „Öko-Tex Standard 100" ein gewisser Anhaltspunkt. Hier ist die Einhaltung von Grenzwerten für Formaldehyde, Pestizide, Schwermetalle sowie krebs- und allergieauslösende Stoffe garantiert (wobei mitunter kritisiert wird, daß diese Grenzwerte zu hoch angenommen wurden). Dieses Etikett sagt aber nichts über ökologische Kriterien beim Anbau oder über Sozialverträglichkeit aus.

Der „Arbeitskreis Naturtextilien" (AKN) hat die wohl strengsten und umfassendsten Richtlinien in der Branche; er vergibt das Logo „Naturtextil". Hier sind ausschließlich Naturfasern erlaubt, Baumwolle aus konventionellem Anbau muß entweder handgepflückt oder entlaubungsmittelfrei sein[18]; biologischer Anbau ist zwar „erwünscht", aber nicht

TEXTILES VERTRAUEN
Schadstoffgeprüft
nach Öko-Tex Standard 100
Prüfnummer: 000 0000 · ÖTI Wien

TEXTILES VERTRAUEN
Schadstoffgeprüfte Textilien
nach Öko-Tex Standard 100
Prüf-Nr. 00.0.0000 · FI Hohenstein

verpflichtend. Bei der Verarbeitung ist „sanfte Chemie“ angesagt: Viele traditionelle chemische Verarbeitungsschritte sind verboten.

WWF und Greenpeace sowie diverse Öko-Versandhäuser haben in ihren Katalogen Textilien mit Ökodeklarationen (teilweise aus kontrolliertem biologischen Anbau); auch Firmen wie „Green Cotton“ oder „Esprit“ (mit der Produktelinie „Ecollection“) bieten Textilien aus Bio-Baumwolle an.[19]

Bei der Suche nach sozialverträglichen Textilien stößt man rasch an Grenzen. Außer einigen Gruppen, die Dritte-Welt-Läden betreiben, interessiert kaum jemanden die Frage, unter welchen sozialen Bedingungen ein Kleidungsstück hergestellt wurde. Ein „offizielles“ Gütesiegel, wie es etwa „TransFair“ für Lebensmittel darstellt, gibt es für Textilien (noch) nicht, wohl aber firmenspezifische Kennzeichnungen (wie etwa von Reebok).

Zum Schluß: Kleiner Textil-Knigge

- Weniger Kleidung kaufen, dafür hochwertige und langlebige.
- Gebrauchte Kleidung weitergeben – sowie selbst annehmen und verwenden.
- Beim Kauf möglichst auf Rückstandfreiheit, biologischen Anbau und Herstellungsbedingungen achten.
- Möglichst keine Kleidung kaufen, die in die chemische Putzerei muß.

Clean Clothes

Die „Clean Clothes Campaign“ (CCC) ist 1990 in den Niederlanden entstanden. Sie agiert mittlerweile europaweit und will die Textilkonsumentinnen und -konsumenten darauf aufmerksam machen, daß in der Dritten Welt Textil- und Sportartikel teilweise unter unmenschlichen Bedingungen produziert werden: Kinderarbeit, Niedrigstlöhne und Arbeitstage bis zu zwölf Stunden sind nicht selten, und die Leidtragenden sind in erster Linie Frauen.

Mittlerweile gibt es diese Kampagne auch in Österreich; sie wird vor allem von der „Frauensolidarität“, der „Informationsgruppe Lateinamerika“, der „Südwind-Agentur“ und der österreichischen Bischofskonferenz getragen. Ein erstes Ziel ist es, Bekleidungs- und Sportartikelhersteller in Österreich dazu zu verpflichten, eine unabhängige Kontrolle über die Einhaltung sozialer Mindeststandards in Zulieferbetrieben zuzulassen.

Auskünfte: Clean Clothes-Kampagne, Berggasse 7/3, A-1090 Wien, Tel. (0043/1) 317 30 90, http://www.oneworld.at/cleanclothes.htm

Zwei Zeitungsmeldungen

Der Vizepräsident der Arbeiterkammer, Alfred Dirnberger, hat die österreichischen Konsumenten zu einem Boykott des Sportartikelherstellers Adidas aufgerufen. Adidas habe seine Produktion weitgehend nach China verlagert und lasse dort unter „menschenunwürdigen Bedingungen“ in Straf- und Arbeitslagern produzieren (siehe „Der Standard“, 26. 4. 1997).

Die süditalienische Firma Filanto aus Lecce setzt in Albanien Kinder zu Hungerlöhnen ein, schreibt die Tageszeitung „Corriere della Sera“. Rund 120 Lire, etwa 80 Groschen, werden dem neunjährigen Miri in Shijak (30 km von Tirana entfernt) für das Annähen einer Schuhsohle ausbezahlt. Er kann nach eigenen Angaben maximal sieben Paar pro Tag annähen, was zum Erwerb von anderthalb Litern Milch ausreicht. Filanto selbst ist der landesweit größte Mokassinhersteller mit einer jährlichen Produktion von zwölf Millionen Paar bei einem durchschnittlichen Verkaufspreis von 1.000 Schilling pro Paar (siehe „Der Standard“, 11. 2. 1998).

Anmerkungen

1 In der Literatur finden sich hier leider sehr unterschiedliche Angaben. Während das „Kursbuch Lebensqualität“ (Langbein, Kurt/Mühlberger, Manfred/Skalnik, Christian; Köln 1995) für Deutschland einen Wert von etwa 11 kg (plus einer etwa gleichen Menge für Wohntextilien wie Teppiche und Vorhänge) angibt, ist im Buch „Faktor 4“ (Weizsäcker, Ernst Ulrich v./Lovins, Amory B./Lovins, L. Hunter; München 1995) ein Wert von 20 kg für „die industrialisierten Länder“ zu lesen. Es besteht jedoch der Verdacht, daß beide Angaben überhöht sind, da die FAO einen Baumwollimportüberschuß von 822.000 Tonnen pro Jahr für die EU angibt (FAO Trade Volume 54, Rom 1991), was einem Pro-Kopf-Wert von 2,5 kg für die EU entspricht; da etwa die Hälfte unserer Textilien aus Baumwolle besteht, käme man auf einen jährlichen Pro-Kopf-Konsum von nur 5 kg Textilien (inklusive Wohntextilien!). Allerdings sind hier die wesentlich „sparsameren“ Mittelmeerländer inkludiert. Der hier verwendete Schätzwert von 15 kg entsteht durch Mittelung der drei Werte 5, 20 und 22 kg. Auch wenn die tatsächlichen Werte von den genannten 15 kg abweichen mögen, ergibt sich daraus keine grundsätzlich andere Aussage.

2 Zur Erklärung dieser Zahl: Weltweit sind etwa 330.000 km² fruchtbare Ackerfläche mit Baumwolle bebaut (Kursbuch Lebensqualität) – das sind etwa 55 m² pro Kopf der Weltbevölkerung. Hier wachsen 20 Millionen Tonnen Rohbaumwolle – somit braucht 1 kg Baumwolle rund 16 m². Da bei der Produktion von Textilien viele Abfälle entstehen und nur entsprechend lange Fasern dafür verwendet werden können, rechnet man mit einem Faktor 5 (Quelle: „Towards Sustainable Europe“. Wuppertal 1995, erarbeitet vom Wuppertal-Institut für Friends of the Earth Europe, wo übrigens ein Wert von 11 m²/kg angegeben wird), d.h., 1 kg Baumwolltextilien aus dem Geschäft entspricht etwa 80 m² Bodenfläche (laut „Towards Sustainable Europe“: 55 m²). Geschätzte 7 bis 8 kg Baumwollsachen pro Jahr – die Hälfte des österreichischen Pro-Kopf-Konsums von 15 kg – ergeben also rund 600 m² (laut „Towards Sustainable Europe“: über 400 m²).

3 1 kg Wolle pro Jahr benötigt etwa 1.000 m² Weidefläche. In Deutschland sind 5% der verwendeten Textilien aus Schafwolle, in Österreich wird es wohl ein ähnlicher Prozentsatz sein – das entspricht etwa einem Dreiviertelkilo pro Kopf (der Weltdurchschnitt ist ein halbes Kilo pro Kopf), somit ca. 750 m² Weidefläche pro Kopf (Kursbuch Lebensqualität, S. 725). Weltweit stehen ca. 1.130 m² Weideland pro Kopf zur Verfügung („Towards Sustainable Europe“, S. 65) – unser Wollkonsum nimmt also bereits zwei Drittel unseres „Weide-Umweltraums“ ein.

4 „Alternativfasern“ wie etwa Hanf und Flachs ändern nichts Grundsätzliches am Problem: 1 kg Flachs pro Jahr braucht (Maria Prem: Textilien und Nachhaltigkeit. Manuskript 1996) rund 14 m², also nur unwesentlich weniger als Baumwolle; bei Hanf sind die Zahlen ähnlich.

5 Derzeit stammen gerade 0,01 Prozent (!) der Baumwolle aus kontrolliert biologischem Anbau (Kursbuch Lebensqualität, S. 723).

6 36,7 kWh gegenüber 17,7 kWh (Kursbuch Lebensqualität, S. 743). Umrechnung Energie/CO_2: laut „Towards Sustainable Europe“ (S. 20) derzeit 59 g CO_2/MJ (= ca. 210 g/kWh, d.h. rund 4 CIP/kWh).

7 Diese Zahl (Kursbuch Lebensqualität, S. 719) basiert auf einem Weg von etwa 19.000 km, den Baumwolluniformen der deutschen Bundeswehr insgesamt zurücklegen.

8 USA: ca. 10 kWh pro kg Rohbaumwolle (ca. 2 kg CO_2/kg BW), in Afrika, Asien und Lateinamerika 2 bis 5 kWh (0,4 bis 1 kg CO_2/kg BW) (Quelle: Maria Prem, s.o.). Beim Vergleich mit den am Anfang dieses Abschnitts genannten 3,7 kg CO_2 ist zu berücksichtigen, daß dieser Wert für Baumwoll*stoffe* angegeben wurde und somit der Faktor 5 (siehe Fußnote 2) zu berücksichtigen ist.

9 Formaldehyd, fluor- und chlorhaltige Chemikalien etc.

10 Ferenschild, Sabine/Hax-Schoppenhorst, Thomas: Weltkursbuch – Globale Auswirkungen eines „Zukunftsfähigen Deutschlands". Basel – Berlin 1998.

11 Oder flicken lassen; damit tragen Sie zur Schaffung eines „umweltfreundlichen" (energie- und rohstoffsparenden) Arbeitsplatzes bei. Auch an diesem Beispiel sieht man, daß die Politik durch eine ökologische Steuerreform, die Lohnkosten senkt und Energiekosten anhebt, Signale setzen sollte.

12 Werte nach Kunstfaser verschieden; zumindest starke Zunahme der CO_2-Emissionen!

13 Leider auch in nicht-biologisch hergestellten Naturfasern.

14 Ganz abgesehen vom Entsorgungsproblem!

15 Allerdings etwas weniger CO_2.

16 Ein mögliches Maß für den LIP/CIP-Anteil einer gebrauchten Ware ist der Zeitwert der Ware im Verhältnis zum Neuwert. Wenn ich also auf dem Flohmarkt ein Baumwollhemd (25 dag), das ursprünglich 400 Schilling gekostet hat, um 100 Schilling kaufe, habe ich demnach nur ein Viertel der LIP/CIP auf meine Kappe zu nehmen – also statt rund 1 kg CO_2 (= 25 CIP) nur mehr ¼ kg (= 6 CIP), statt 4 m^2 Ackerboden (= 100 LIP) nur mehr 1 m^2 (= 25 LIP); dieses Viertelkilo CO_2 und diesen Quadratmeter Baumwollfeld kann sich der Verkäufer des Hemdes „gutschreiben", also als Einnahme für sein tägliches Boden- und CO_2-Budget verbuchen. Achtung: Die Altkleideraktion bringt kein Geld und somit auch keine LIP/CIP zurück – mit gutem Grund: Wer sich Ihr Hemd von der Caritas abholt, hätte ohnehin kein Geld, um ein neues zu kaufen; dadurch werden also keine Textilienkäufe (und somit Boden- und CO_2-Verbräuche) vermieden.

17 Auch (zum Teil Kinder-)Arbeitsplätze in der Textilverarbeitung gehen verloren – dort, wo beispielsweise Ihre Hemden genäht wurden (etwa in Indien).

18 Als Entlaubungsmittel für Baumwolle wird das aus dem Vietnamkrieg bekannte „Agent Orange" verwendet, das schwere Erbschäden hervorrufen kann.

19 Die Broschüre „Textilien und Nachhaltigkeit" von Maria Prem (die u.a. bei der Abfassung dieses Kapitels verwendet wurde) mit genaueren Informationen sowie einer Adressenliste der österreichischen Naturtextilhersteller und -fachgeschäfte kann für öS 40 im Kuvert (inklusive Porto) bei SOL angefordert werden.

4. Wie würden Sie gerne wohnen?

Veränderte Bedürfnisse durch veränderten Lebensstil

Beim Umgang mit unserer zweiten Haut – der Kleidung – hat sich als wichtigstes Ergebnis „gut statt viel" herausgestellt. Wie sieht es nun mit unserer dritten Haut, der Wohnumgebung, aus? Hier sind die Lebenssituationen der Menschen äußerst unterschiedlich – von der Mietwohnung bis zum Einfamilienhaus. Und da die meisten Menschen viele Jahre oder sogar Jahrzehnte in der gleichen Wohnung zubringen, sind Ratschläge für die Wahl einer angemessenen Wohnung nur für einen kleinen Prozentsatz interessant.

Bei den meisten Menschen – wenn sie nicht gerade eine Millionenerbschaft angetreten haben – sorgt die Knappheit der Geldmittel ohnehin dafür, daß die Wohnung bzw. das Haus nicht übermäßig groß ist. Und hier weitere Einschränkungen anzuraten, um etwa Baumaterialien einzusparen, geht an der Realität der Menschen vollständig vorbei. Warum soll nicht jedes Kind ein eigenes Kinderzimmer haben? Auch in einer Partnerschaft tut es gut, wenn jeder Partner einen zumindest kleinen Rückzugsraum hat.

Das von Jahr zu Jahr zunehmende Bauvolumen scheint also ein Naturgesetz zu sein.[1] Weiter verstärkt wird dieser Trend noch durch den steigenden Prozentsatz von Singles (zwei Singles brauchen mehr Wohnraum als ein Pärchen). Auf frühere Jahrzehnte oder Jahrhunderte zu verweisen, wo vielköpfige Familien auf kleinstem Raum wohnten, hieße den gesellschaftlichen Fortschritt – mit der Entwicklung der Individualität der Erwachsenen und insbesondere der Kinder – umkehren zu wollen.

Ist „Nachhaltigkeit" beim Wohnen also realistischerweise nicht möglich? Auf den ersten Blick scheint es so; dennoch werden wir in diesem Abschnitt einige Möglichkeiten kennenlernen, wie wir ohne Komfortverzicht etliche LIP und CIP einsparen können ...

Bauen: Massen in Bewegung

In der österreichischen Materialflußrechnung[2] – der Bilanz der umgesetzten Mengen an Rohstoffen – stellt der Hoch- und Tiefbau mit fast 70 Millionen Tonnen pro Jahr[3], also fast 10 Tonnen pro Kopf der österreichischen Bevölkerung, rund die Hälfte der umgesetzten Menge dar.

Während in Österreich für die getrennte Abfallentsorgung (diese betrifft strenggenommen nur den Verpackungsmüll, also etwa 2% der Abfallmenge!) jährlich Milliarden ausgegeben werden, ist der Umgang mit Bauschutt, der ein Vielfaches darstellt, ein „blinder Fleck“ unseres Umweltbewußtseins.

Kiesgruben zerfressen immer mehr Landschaften – das österreichische Berggesetz ermöglichte betroffenen Anrainern und Gemeinden kaum ein Einspruchsrecht.[4] Außerdem entfallen etwas über 5% des Energie- (und somit CO_2-)Verbrauchs in Österreich auf Baustoffproduktion und Bauwesen – also etwa 0,8 kg CO_2 pro Kopf und Tag, ein Sechstel unseres CO_2-Umweltraums.

Straßen sichern Arbeitsplätze ...

Im Tiefbau liegt die Frage auf der Hand, ob wirklich immer neue Straßen gebaut werden müssen. Die lauteste Antwort gibt hier die Auto-, Frächter- und Tourismuslobby. Außerdem heißt es, massive Einschränkungen „am Bau“ würden weitere Hunderttausende in die Arbeitslosigkeit treiben und seien somit politisch nicht umsetzbar. Einschränkungen des Straßenbaus durchzusetzen, kann daher nur gelingen, wenn gleichzeitig andere Bau-Arbeitsplätze in umweltfreundlichen Sektoren geschaffen werden. Als Beispiel sei die massive Förderung von Wärmedämmungen genannt.

Im Tiefbau (Straßen, Brücken u.ä.) ist in der Regel die öffentliche Hand der Auftraggeber – beim Hochbau (Hausbau) können *Sie* ein bißchen mitreden. Durch Ihr Verhalten können Sie das Bauvolumen und somit die Umweltbelastung reduzieren.

Die Schönheit des Wohnens

Erinnern Sie sich an Ihren letzten Urlaub. Ob Sie nun eine Großstadt besucht oder sich in den Bergen oder am Meer entspannt haben – beim Stadt- oder Dorfbummel haben Ihnen wahrscheinlich nicht die Beton-Wohnquader vom Fließband, sondern die verwinkelten Gäßchen und alten, „typischen" Häuser gefallen. Natürlich – so ein altes Haus zu renovieren kostet ebensoviel, wie ein neues zu bauen, aber haben Sie dann nicht mehr „wirkliche" Lebensqualität?

Gerade auf dem Land ist leider die Einstellung noch häufig, daß man „etwas hinstellt", um zu zeigen, was man sich leisten kann – das „alte Graffel" wird dann vom Bulldozer eliminiert. Wenn das in einem Dorf einmal alle – oder zumindest die meisten – gemacht haben, ist aus einer gewachsenen Lebens- und Kulturgemeinschaft eine gesichtslose Anhäufung von Häusern „aus dem Katalog" geworden – das ist auch ein Grund dafür, daß viele, vor allem junge Leute sich nicht mehr zu Hause fühlen und in die Städte abwandern.[5]

Ökologisch gesehen ist für die Renovierung eines Hauses viel weniger Material und Energie nötig als für einen Neubau, und es wird auch viel weniger Müll produziert. Dafür ist ein Mehr an personalintensiver Handarbeit nötig – also genau die Tendenz, die wir uns wünschen.

Nehmen Sie sich doch wichtig! Sie verdienen es, in einem schönen Haus, einer schönen Wohnung zu leben. „Schön" ist nur zum Teil eine Frage des Geldes – kennen Sie nicht auch Menschen, die ihre Bassenawohnung mit viel Liebe und vielen persönlichen Details zu einem Schmuckstückchen umgewandelt haben? Und alle Einrichtungsgegenstände zusammen haben weniger gekostet als eine Ledersitzgarnitur ... Was Sie jedoch investieren müssen, ist Zeit: viel Zeit, Nachdenken über Ihren Stil, Ihre Wünsche und Bedürfnisse – eigentlich eine kleine Reise zu sich selbst. Dann wird Ihre Wohnung, Ihr Haus auch Ihre Persönlichkeit atmen, Sie und Ihre Gäste werden sich wohlfühlen.

Und wer sich daheim wohlfühlt, muß weniger oft weniger weit fortfahren, muß weniger Dinge kaufen, damit es ihm gutgeht ... Es zahlt sich aus.

„Zu groß gebaut" – ein unnötiges Risiko

Jede dritte Ehe in Österreich wird geschieden – Tendenz steigend. Und doch glaubt jede und jeder, daß es ihn bzw. sie nicht treffen wird; Pläne werden gemacht und Verpflichtungen eingegangen, bei denen die Möglichkeit der Trennung gänzlich außer acht gelassen wird. Und dann steht man da mit einem viel zu großen Haus, das eigentlich noch der Bank gehört und für das man kaum einen Käufer findet ... Es gibt genug Paare, die sich schon längst gerne getrennt hätten, sich das aber nicht leisten können und verbittert und widerwillig unter einem Dach wohnen müssen.

Wer ein altes Haus bezieht und dieses schrittweise renoviert, erneuert und gegebenenfalls erweitert, wird sich nicht so leicht finanziell übernehmen – ein „Ausstieg" aus einer Partnerschaft, aber auch ein Umzug in ein anderes Land oder einen anderen Landesteil ist leichter möglich. Die Mobilität in Europa steigt rasant an; auch wenn Sie es sich heute vielleicht noch nicht vorstellen können, werden Sie vielleicht in zehn Jahren gerne in Italien wohnen und arbeiten ...

Auch ein Jobverlust kann heute fast jeden treffen. Es ist daher auch aus diesem Grund vernünftig, nicht allzuhohe Kredite aufzunehmen. Auch Sie kennen vielleicht Menschen, die arbeitslos geworden sind und nach einigen Monaten – als weiteren Schicksalsschlag – ihr ihnen liebgewordenes Haus verkaufen mußten. Aus all diesen Gründen lebt derjenige beruhigter, der nur gerade so groß baut (oder kauft), wie er es wirklich braucht, und sich nicht aus Prestige oder Luxusbedürfnis in jahrzehntelange Abhängigkeit von Banken begibt.

„Sie hab'n a Haus baut"

Wo haben Sie als Kind gespielt? Können Ihre Kinder dort auch noch spielen, oder stehen dort heute schon Wohnhausanlagen, Fabriken oder Autobahnauffahrten? Gibt es umgekehrt Plätze, die vor 20 Jahren verbaut waren und heute begrünt sind? Wohl kaum! Wie soll diese Entwicklung wohl weitergehen?

Schon heute entfallen auf jeden von uns (in der EU) mehr als 500 m^2 verbaute Fläche, das sind rund 8% der gesamten Fläche der EU-Staaten. Das ist nur zu einem kleinen Teil die eigene Wohnfläche, sondern beinhaltet die Flächenanteile der Arbeitsstätten, Verwaltungs-, Freizeit- und Verkehrseinrichtungen. Jedes Jahr kommen ein paar Quadratmeter verbaute Fläche pro Kopf hinzu ...

In den meisten Fällen handelt es sich um fruchtbare Fläche, die ohne weiteres für die Nahrungsmittelproduktion geeignet wäre. Aber nicht nur das: Die zunehmende Versiegelung des Bodens ist ein Faktor für die immer geringere Aufnahmefähigkeit für Niederschläge und somit für immer stärkere Hochwässer.

„Häuschen in Grünruhelage" – persönliches Ideal, gesellschaftlicher Alptraum

Der überwiegende Teil der österreichischen Bevölkerung nennt als ideale Wohnform ein „Häuschen im Grünen" – je „grüner", desto besser –, das heißt, am besten mit großem Garten, ohne direkte Nachbarn und ohne eine befahrene Straße vor der Haustür. Andererseits soll das Traumhaus natürlich nicht allzuweit weg vom Arbeitsplatz sein, sämtliche Anschlüsse (Strom, Wasser, Kanal, Telefon, vielleicht sogar Gas, Kabelfernsehen etc.) haben und auf schnellen, bequemen Straßen von der nächsten größeren Stadt erreichbar sein. Diese Wünsche widersprechen einander. Der einzelne kann das Problem vielleicht individuell lösen; es gibt immer wieder „Objekte in Traumlage", die alle genannten Anforderungen zu entsprechenden Preisen erfüllen. Gesamtgesellschaftlich lassen sich diese Ansprüche jedoch nicht auf einen Nenner bringen: Wer in „Einzelruhelage" wohnt, trägt durch Nutzung der „guten Verkehrserschließung" zum oft unerträglichen Verkehrslärm auf den Zufahrtsstraßen bei und belastet die Gemeinschaft mit überproportionalen Infrastrukturkosten (Wasserleitungs-, Strom- und Kanalnetz).

Wir müssen also Kompromisse schließen: Einerseits fordert das unser Kontostand, andererseits der Flächenwidmungs- und Bebauungsplan.[6]

Wohnen, Arbeiten und Verkehr

Daß Supermärkte und Freizeitzentren „auf der grünen Wiese" Verkehrserreger ersten Ranges sind, weiß jeder, der einmal den Parkplatz etwa der Shopping City Süd (des größten Einkaufszentrums Europas) gesehen hat. Aber auch der „unschuldige" Wunsch, ein Häuschen im Grünen zu besitzen, kann gravierende Folgen haben.

Wenn wir bedenken, daß 2,5 Liter Benzin das gesamte tägliche CO_2-Pensum ausmachen[7], dann sehen wir, daß wir auch mit dem sparsamsten Auto (5 Liter/100 km) bei einer täglichen Pendelfahrt von zweimal 25 km unser CO_2-Budget (5 kg/Tag) voll ausschöpfen.[8]

Für eine Sanierung unserer persönlichen CO_2-Bilanz ist also unser Verkehrsverhalten entscheidend. Wenn Sie an Ihre Übersiedlung denken: Stellen Sie sicher, daß Ihr neues Domizil mit öffentlichen Verkehrsmitteln gut erreichbar ist; schließlich ist absehbar, daß das Benzin in zehn Jahren wohl ein Mehrfaches des heutigen Preises kosten wird – aus ökologischen Gründen wäre das zu hoffen! Und wenn Sie Kinder haben, ersparen Sie sich unzählige „Taxifahrten" zur Freundin, zum Judokurs oder zum Klavierunterricht.

Bildquelle: Karinatur. ProNatur-Verlag, Stuttgart 1984
Graphik von Arnd Bochhacker

Auch die Stadtplanung kann hier entscheidende Akzente setzen. So wurde anhand eines Beispiels errechnet[9], daß die Errichtung einer Wohnhausanlage in 3 km anstatt 500 m Entfernung vom Ortskern durch die zunehmenden Autofahrten eine Erhöhung der CO_2-Belastung um 65% bedeuten würde.

Wohnen im Grünen „light“

Das Einfamilienhaus ist zwar der Wunschtraum der meisten Menschen in Österreich, aber nicht nur die teuerste, sondern auch die ökologisch bedenklichste Wohnform. Schließlich ist der Flächenverbrauch enorm – hat ein Haus für eine dreiköpfige Familie einen 1.000 m^2 großen Garten, so ist damit bereits etwa ein Quadratmeter pro Tag und Kopf verbraucht, also rund ein Viertel des Umweltraums an fruchtbarem Boden! Dazu kommen noch die von diesem Haus mitverursachten und daher anteilig mitzuberechnenden Flächen für Zufahrtsstraßen, Gehsteige etc.

Wesentlich besser schneidet das Liebkind der Planer ab, der „verdichtete Flachbau“, etwa Reihenhäuser oder ähnliche Anlagen. Der Bodenverbrauch ist wesentlich geringer, allerdings um den Preis, daß jede Wohneinheit oft nur ein wohnzimmergroßes eingezäuntes Rasenstückchen hat. Durch diese Bauform können auch – bei sonst gleichen Bedingungen – ca. 20% der Heizenergie eingespart werden.

Wer von der Freiheit des eigenen Grundes und Bodens träumt, für den ist allerdings eine Reihenhausanlage oft nur ein kümmerlicher Ersatz, zu dem er nur durch die niedrigeren Kosten widerwillig bereit ist (wenngleich andererseits ein kleiner Garten auch weniger Pflege braucht).

Wohnprojekte – wohldosierte Gemeinsamkeit

Doch es gibt eine Alternative: Seit rund 20 Jahren entstehen auch in Österreich immer mehr gemeinschaftliche Wohnprojekte. Eine Gruppe von interessierten Menschen findet sich – oft in einem jahrelangen Prozeß – und erarbeitet in vielen Gesprächen mit Hilfe eines darauf spezialisierten Architekten eine Wohnform nach ihren spezifischen Bedürfnissen. Ein geeigneter Baugrund wird gesucht, und dann – mit den entsprechenden Landesförderungen versehen – geht es ans Bauen.

Derartige Projekte sind natürlich so verschieden wie die Menschen, die sich daran beteiligen. Einige befinden sich in der Stadt, nur wenige Minuten von der nächsten Straßenbahnhaltestelle entfernt; andere wieder sind im Grüngürtel rund um die Großstädte verteilt, und manche liegen „in der Einschicht“. Gemeinsam ist jedoch den meisten die neue Qualität der Mischung zwischen privat und öffentlich.

Jede Wohneinheit ist für sich abgeschlossen und enthält alle nötigen Räume. Dazu kommt aber noch eine große Anzahl von Gemeinschaftsräumen, beispielsweise ein Bastelraum, ein großer Kinderspielraum, ein Turnsaal, Gästezimmer für Leute, die eine der Familien besuchen, und große Räumlichkeiten – drinnen und draußen – für das Feiern von gemeinsamen Festen vom Grillabend bis zum Adventliedersingen.

Bildquelle: Freisitzer/Koch/Uhl: Mitbestimmung im Wohnbau. Picus Verl., Wien 1987

Und das Schöne: Jeder bestimmt das Ausmaß an Gemeinsamkeit ganz nach seinen momentanen Bedürfnissen. Wer Zeit zum Alleinsein braucht, findet sie. Und die Kinder wirbeln glücklich als „Bande" durch das gesamte Areal. Durch das große Ausmaß an Gemeinschaftsräumen kann jede Wohneinheit für sich kleiner bemessen sein, sodaß bei einer etwa gleichen Gesamtbaufläche jeder wesentlich mehr Möglichkeiten hat als bei Einzelhäusern.

„Nachhaltiger" ist ein derartiges Wohnmodell, weil die Pro-Kopf-Grundfläche meist viel kleiner ist als bei Einzelhäusern – und doch kann jeder im (gemeinsamen) Garten sitzen! Durch die Arbeitsteilung kommt jeder nur ganz selten zur Gartenpflege dran, wenn sie nicht überhaupt als Auftragsarbeit ausgelagert wird. Umweltfreundliche Heizsysteme sind in einem größeren, zusammenhängenden Baukörper leichter zu realisieren (Solarkollektoren, Hackschnitzelheizung etc.). Außerdem bieten derartige Strukturen die besten Voraussetzungen für die gemeinschaftliche Nutzung von Gegenständen – vom Auto über den Rasenmäher bis hin zum Tischtennistisch.

Gemeinschaftlich wohnen in Wohnprojekten

Der „Wohnbund" informiert über Wohnprojekte und Förderungen und vermittelt Adressen von interessierten Personen:

„Wohnbund": Mariahilferstr. 89/30, A-1060 Wien, Tel. (0043/1) 586 07 99, http://members.magnet.at/wohnbund.sbg

Ebenfalls zu empfehlen ist der „Wohnclub Wien":

„Wohnclub Wien", c/o Forum für intelligente Planung, Franz Josefs-Kai 31/39, A-1010 Wien, Tel. (0043/1) 533 45 24, http://fip.2012.org/wcw/

Über 40 realisierte Wohnprojekte werden in dem schon etwas älteren, aber dennoch sehr lesenswerten Buch „Mitbestimmung im Wohnbau" (Kurt Freisitzer/Robert Koch/Ottokar Uhl; Wien 1987) vorgestellt. Ihm ist das Foto auf S. 73 entnommen, das die Wohnanlage „Alte Poststraße" in Graz zeigt.

Sind Sie neugierig geworden? Informieren Sie sich – und vielleicht ist dann der Verzicht aufs Einfamilienhaus kein Opfer mehr für Sie, sondern ein Schritt zu einem genußvolleren, vielfältigeren und nebenbei auch ökologischeren Leben.

Heizen – aber wie?

Heizung und Warmwasser stellen auf Dauer eine wesentlich höhere Energiebelastung dar als die Errichtung eines Hauses. Im Schnitt wird rund ein Drittel der in Österreich verwendeten Energie fürs Heizen aufgebracht; schon eine kleine prozentuelle Einsparung auf diesem Gebiet kann also viel bewirken.

Gehen wir vom Heizbedarf eines durchschnittlich gedämmten Hauses mit einer Wohnfläche von 150 m² aus. Er beträgt pro Jahr rund 20.000 Kilowattstunden – nach Division durch 365 somit pro Tag etwa 54 kWh. Die CO_2-Emissionen hierfür machen bei Heizöl extra leicht etwa 20 kg aus, bei Gas etwa 12 kg, bei Koks fast 30 kg. Die „saubere" Elektroheizung kommt auf sagenhafte Werte von fast 50 kg![10] Auch die vielgepriesene Wärmepumpe liegt noch etwas schlechter als die Erdgasheizung.[11]

Achtung, Trugschluß!

Oft wird von der E-Wirtschaft argumentiert, daß in Österreich weit mehr als die Hälfte des Stroms aus Wasserkraft kommt und somit E-Heizungen und Wärmepumpen nur wesentlich weniger als die Hälfte des oben angegebenen CO_2-Ausstoßes verursachen.[12] Obwohl der hohe Wasserkraftanteil eine Tatsache ist, sind die Schlußfolgerungen jedoch falsch.

Wir müssen nämlich berücksichtigen, daß die Wasserkraftwerke ohnehin liefern, soviel sie können; jede *zusätzliche* kWh im Winter geht somit zur Gänze auf das Konto der kalorischen Stromerzeugung.[13] Umgekehrt ist auch jede ersparte Kilowattstunde eine kalorische Kilowattstunde.

Eine Geschichte zur Veranschaulichung

Der kleine Maxi erhält 100 Schilling Taschengeld im Monat. Damit kommt er nicht aus – er entschließt sich, sein Budget durch zusätzliche Arbeiten aufzubessern. Für eine Stunde Rasenmähen vereinbart er 20 Schilling Honorar. Nach zwei Stunden Arbeit ist somit sein „Monatseinkommen" auf 140 Schilling gewachsen. „Toll", denkt er, „zwei Stunden Rasenmähen macht 140 Schilling; also habe ich *eigentlich* 70 Schilling pro Stunde Rasenmähen eingenommen."

Aber, wie gesagt, so stellt sich das nur der kleine Maxi vor ...

Heizen verbraucht fast unser ganzes CO_2-Budget!

Sie erinnern sich: 5 kg CO_2 pro Kopf und Tag sind okay. Wenn nun in unserem Beispielhaus drei Personen wohnen, stoßen sie sogar bei der CO_2-freundlichsten Variante (Gas) an die Grenzen ihres Umweltraums (4 kg). Aber es gibt mehrere Lösungswege:

- Sie geben sich mit einer kleineren Wohnfläche zufrieden – darüber haben wir weiter oben schon gesprochen.
- Sie heizen mit erneuerbaren Rohstoffen.
- Sie dämmen besser.

Heizen mit Biomasse

Die katastrophale CO_2-Bilanz für Heizzwecke kann durch Heizen mit Biomasse saniert werden. Für das obengenannte Haus würde eine Biomasseheizung rund 1 kg CO_2 pro Tag produzieren, also weniger als ein Zehntel der Werte einer Gas-, Öl- oder Elektroheizung.

Wir müssen jedoch wieder beginnen, auch an unsere Bodenbilanz zu denken. Während die Öl- und Erdgasförderung aus der Nordsee, aus Sibirien oder aus den Wüsten Arabiens kaum fruchtbare Flächen in Anspruch nimmt, ist das bei der Biomasse anders. Nehmen wir das Heizen mit Holz einmal etwas genauer unter die Lupe.

Wir in Österreich haben wohl angesichts der großen Waldflächen einen riesigen Holzüberschuß; sollte aber unsere Rechnung nicht über Landesgrenzen hinausreichen? Und hier sehen wir, daß die erneuerbare Ressource „Holz“ durchaus knapp ist.

Betrachten Sie einmal die Altpapiercontainer, die oft am Überquellen sind; Österreich ist der Altpapier-Sammel-Weltmeister, doch mehr als 80% Recyclingquote sind technisch unmöglich, da die Papierfasern bei jedem Recycling etwas kürzer werden. Das heißt, daß zumindest ein Fünftel von dem, was Sie in den Altpapiercontainer leeren, immer aus dem Wald kommen wird. Auch ohne viele Rechnungen ist einleuchtend, daß wir weit mehr Holzprodukte verwenden als der überwiegende Rest der Weltbevölkerung – und weit mehr, als uns zusteht.

Würden jetzt noch viele Menschen auf die Idee kommen, mit Brennholz zu heizen, dann gäbe es auf der Welt nicht genug Wald dafür. Das Verheizen von Holzscheiten ist ein Minderheitenprogramm – es liefert zwar einen Beitrag zur Lösung des Klimaproblems, dieser Beitrag kann aber nicht beliebig erweitert werden.

Unbedenklich ist hingegen das Verheizen von Holzabfällen, die z.B. bei der Durchforstung von Wäldern oder in Sägewerken anfallen. Sogenannte „Hackschnitzelheizungen“ haben in den letzten Jahren ihre technischen Kinderkrankheiten abgelegt und sind ausgereifte Produkte. Es gibt sie in Form von Anlagen für einzelne Häuser (allerdings ist dazu ein Lagerraum für die Hackschnitzel nötig) oder als Fernheizwerke: Hier errichten einige Dutzend oder Hundert Haushalte gemeinsam eine große Hackschnitzelanlage; über im Boden vergrabene Warmwasserrohre wird die Wärme an die Haushalte transportiert. Besonders viele solche Anlagen wurden im Burgenland errichtet. Wenn Sie sich ein neues Heizsystem überlegen, sollten Sie sich unbedingt über diese Technologie informieren.[14]

Auch die Verbrennung von Stroh sowie von Klär- und Deponiegasen ist vom Umweltraum-Gesichtspunkt aus unproblematisch. Hier werden der Nahrungsmittelproduktion keine fruchtbaren Bodenflächen für die Energiegewinnung entzogen.

Anders sieht es beim „Biodiesel", dem Rapsmethylester, aus. Hier treten Energiepflanzen in direkte Konkurrenz zu den Ernährungsbedürfnissen der Menschen[15] – nicht zu den unseren, denn wir können uns genug zu essen kaufen; die Zeche zahlen die Menschen der Dritten Welt.

Sonne und Wind

Zur Lösung des Energieproblems stehen nur begrenzte finanzielle Mittel zur Verfügung. Deshalb müssen die nachwachsenden Rohstoffe mit konkurrierenden Energiealternativen – etwa Solar- oder Windenergie – verglichen werden. Jeder Schilling, der in den Einbau von Solaranlagen gesteckt wird, produziert zwei- bis zehnmal soviel Energie, als dies bei der Verwendung von Raps oder Äthanol möglich ist. Selbst teure Windkraft- oder Photovoltaikanlagen benötigen pro Energieeinheit nur halb so viel Subventionen wie eine Biodieselanlage – eine ca. 30 bis 45 m² große thermische Solaranlage als „Energieacker" auf dem Dach ersetzt 10.000 m² Ackerfläche für Energieraps[16], also den Boden-Umweltraum für etwa sechs bis sieben Menschen.[17]

Insbesondere zur Warmwasserbereitung setzen sich Sonnenkollektoren immer mehr durch.[18] Die ökologische Sinnhaftigkeit einer vollsolaren Raumheizung ist hingegen fragwürdig, da dies riesige Wärmespeicher und somit ein wesentliches Mehr an Baumaßnahmen erfordert.

Soll das Haus erst gebaut werden, bieten sich viele Möglichkeiten zur passiven Nutzung der Solarenergie an, die keinen oder wenig zusätzlichen Bauaufwand verursachen – von der Südausrichtung des Hauses bis hin zu der Gliederung der Räume und der Fenster. Sprechen Sie doch mit einem Architekten![19]

Wieviel Liter braucht Ihr Haus oder Ihre Wohnung?

Zwar kennt jeder den Spritverbrauch seines Autos, aber kaum jemand kennt den exakten Energieverbrauch seiner Wohnung. Dabei gehen in Industrieländern etwa 40% des gesamten Energieverbrauchs in die Errichtung und Nutzung von Gebäuden. Wäre es nicht eine lohnende Aufgabe – für Ihr Geldbörsel und für die Umwelt –, einmal eine Bilanz des Energieverbrauchs Ihres Hauses zu machen?

Nun einige Zeilen Mathematik. Eine Maßzahl für die Qualität der Wärmedämmung ist die „spezifische Heizlast" in Watt pro Quadratmeter. Unser oben genanntes Beispielhaus (S. 74) hat einen Wärmebedarf von etwa 10,5 Kilowatt; dividiert durch 150 m² ergibt sich also eine spezifische Heizlast von 70 Watt pro Quadratmeter.[20] Damit liegt das Haus etwas über dem derzeit üblichen Standard (65 Watt); während bei Altbauten (vor 1985) teilweise noch Werte von 80 bis 100 Watt üblich waren, sind heute Häuser mit 30, 20 und noch weniger Watt pro Quadratmeter möglich – eine überdurchschnittliche Wärmedämmung kann also die jährliche Heizenergie (und somit Ihre Heizkosten) auf ein Viertel senken![21]

Sie können aus Ihren Heizkosten auf die Qualität Ihrer Wärmedämmung zurückrechnen (allerdings nur ungefähr, da die Öl-, Gas- und Strompreise variieren): Dividieren Sie ihre Energiekosten durch einen bestimmten, von der Energieform abhängigen Faktor und zählen Sie diese Zahlen zusammen. Die Summe dividieren Sie dann noch durch Ihre beheizte Wohnfläche, und Sie erhalten die geschätzte spezifische Heizlast.

Ein Rechenbeispiel: Sie haben im Vorjahr 10.000 Schilling für Flüssiggas und 15.000 Schilling für Brennholz ausgegeben; Ihr Haus hat 120 m² beheizte Fläche. Wir rechnen 10.000 : 1,8 = 5.556 und 15.000 : 3,5 = 4.286, also in Summe 9.842. Die Division durch 120 ergibt 82 Watt pro m² – ein ziemlich hoher Wert. Sie haben Handlungsbedarf – und eine große Chance: Schon mit relativ geringen Kosten können Sie mindestens die Hälfte Ihrer Heizkosten einsparen, in diesem Beispiel also 12.500 Schilling pro Jahr.[22]

Energieform	Faktor	Preis (öS) pro Einheit
Tagstrom	3,1	1,71/kWh
Nachtstrom	1,7	0,94/kWh
Flüssiggas	1,8	9,71/kg
Briketts	3,0	5,86/kg
Hartholz	3,5	4,83/kg
Koks	1,8	5,05/kg
Erdgas-Zentralheizung	1,3	9,50/m³
Heizöl extra leicht	1,0	4,16/Liter
Wärmepumpe (mit Tagstrom)	1,3	1,71/kWh
Fernwärme	0,86	420/MWh

Die Ermittlung der obigen Faktoren, erläutert am Beispiel Flüssiggas: Der Heizwert beträgt 12,85 kWh/kg; bei einem Preis von öS 9,71 pro kg und einem Jahresnutzungsgrad von 77%, den der Energiebericht 1996 der österreichischen Bundesregierung angibt, ergibt sich ein Nutzwärmepreis von 0,98 öS/kWh. Multiplizieren wir nun mit 1,8 (mal 1.800 geschätzte Vollaststunden und dividiert durch 1.000 Watt pro Kilowatt), so ergibt sich ein Faktor von 1,764. Da es sich nur um Schätzwerte handelt, sind alle Kommastellen nach der zweiten irrelevant; durch Runden ergibt sich der Faktor 1,8.

Übrigens: Erhöht sich der Energiepreis gegenüber dem oben angegebenen „Preis pro Einheit" um beispielsweise 15%, so muß der entsprechende Faktor um ebendiesen Prozentsatz verringert werden.

Gut gedämmt heißt gut gespart

Die Einsparmöglichkeiten durch wärmetechnische Sanierung für Gebäude sind enorm. Studien geben im Durchschnitt 30 bis 50% an, manche sogar noch mehr. Auf diese Weise sparen Sie Kosten – bei gleicher Behaglichkeit – und wissen, daß Sie die Umwelt entlasten.

So meint etwa Johannes Fechner: „Man kann Wärmedämmung auch als eine Form der Geldanlage betrachten: Hier eingesetztes Kapital bringt Zinsen in Form von ersparten Heizkosten. Wenn Sie eine ungedämmte oberste Geschoßdecke eines Althauses mit 20 cm Dämmstoff dämmen, können Sie heute mit einer Verzinsung Ihres Kapitals von 30 bis 50% rechnen! Die nächst lukrative Anlageform ist die Investition in eine Wärmedämmung im Zuge einer erforderlichen Sanierung der Außenwand. Verzinsung: bis zu 30%."[23]

Heizen ohne ausreichende Wärmedämmung ist etwa so, als ließe man Wasser in die Badewanne ein, vergäße aber darauf, den Abfluß zuzustöpseln. Heute würde man ein derartiges Verhalten nur als unklug belächeln – morgen gilt es vielleicht schon als asozial, weil man sich dessen bewußt wird, daß man in einer „gemeinsamen Badewanne" sitzt.

Und noch etwas: Wärmedämmung und Fernwärmeausbau sind jene Maßnahmen, die nicht nur für den Klimaschutz, sondern auch für die Volkswirtschaft die größten Vorteile bringen.[24]

Wärmedämmung hat eine beachtliche beschäftigungspolitische Bedeutung. Wie das Österreichische Ökologie-Institut nachgewiesen hat[25], tragen Energiesparmaßnahmen beträchtlich mehr zur Sicherung von Arbeitsplätzen bei als etwa der Straßenbau. Die Investition von einer Million Schilling in Wärmedämmung, Solarenergie oder Fernwärmeausbau schafft etwa 1,3 bis 1,7 Jahresarbeitsplätze, beim Straßenbau sind es nur 0,6. Damit müßte ein klarer Wegweiser für eine ökologische Beschäftigungsinitative gegeben sein. Wenn es einen Weg in eine bessere Zukunft geben soll, dann nur, wenn Arbeitsplätze in Verbindung mit Klima- und Umweltschutzmaßnahmen geschaffen werden.

Und wer soll das bezahlen?

Die Investitionen in Energiesparmaßnahmen bringen Ihnen Ersparnisse – oft sind sie höher als die Zinsen für den Kredit, den Sie für die Energiesparmaßnahmen aufnehmen müssen. Von dieser Tatsache lebt eine immer größer werdende Branche: die „Energy Contractors". Mitarbeiter dieser Firmen besuchen Sie und rechnen Ihnen mögliche Energieeinsparungen und damit verbundene Investitionskosten vor. Wenn Sie einverstanden sind, übernehmen sie die Kosten für Sie – allerdings kassieren sie dafür einen Teil der eingesparten Energiekosten in den Folgejahren.

Während dieses Modell im Ausland auch schon für Einzelhaushalte angewendet wird, ist es in Österreich vorerst noch den Großverbrauchern mit über 700.000 Schilling Energiekosten pro Jahr vorbehalten. Aber vielleicht hat sich das bei Erscheinen dieses Buches schon geändert? Fragen kostet nichts – die jeweils aktuelle Liste aller Contracting-Anbieter in Österreich (rund 40 Eintragungen) ist bei der Energieverwertungsagentur[26] zu beziehen. Das Einsparungspotential für öffentliche Gebäude wird dort mit 20 bis 25% angegeben; tausende Arbeitsplätze in der Bauwirtschaft könnten dadurch gesichert werden.

Letzten Endes könnte aber auch der Staat die Rolle des Contractors übernehmen – durch zinsgünstige Kredite für Wärmeschutzmaßnahmen. So könnte ein wesentlicher Beitrag zur Erreichung der von der Bundesregierung zugesagten CO_2-Reduktion geleistet werden.

Das Marktpotential für Energiespar-Contracting in Österreich wird auf rund 5 Milliarden Schilling geschätzt. Die EVA gibt folgende Einsparpotentiale bei der Beheizung von Wohngebäuden an:

Baujahr	**Einfamilienhaus**	**Mehrfamilienhaus**
bis 1944	35%	35%
1945 bis 1960	30%	40%
1961 bis 1970	35%	40%
1971 bis 1980	20%	35%
1981 bis 1990	0%	0%

(Quelle: „Der Standard", 27. 3. 1997)

Lassen Sie sich doch beraten!

Sie können nicht überall Fachmann oder Fachfrau sein – noch dazu, wo sich das Gebiet der sinnvollen Energienutzung derart stürmisch verändert! Beraterinnen und Berater stehen Ihnen gerne zur Verfügung.[27]

Doch auch der beste Berater ist machtlos, wenn nicht *Sie* den Mut haben, etwas Neues zu tun. Sie werden mehrfach belohnt: Ein paar Tausender im Jahr bleiben Ihnen sicher übrig, außerdem haben Sie das stolze Gefühl eines „Pioniers" – zumindest in Ihrem Bekanntenkreis. Und zu wissen, daß die eigene CO_2- und Boden-Bilanz auf dem Weg der Besserung ist, ist ja auch schon etwas wert, oder?

Übrigens haben Untersuchungen festgestellt, daß ein in Umweltberatung investierter Schilling im Schnitt doppelt soviel CO_2 einspart wie ein in Anlagen investierter[28]; laut dem oberösterreichischen Energiesparverband ersparten sich die oberösterreichischen Bürgerinnen und Bürger durch Beratungen von 1992 bis 1996 300 Millionen Schilling Heizkosten.[29]

Wo wohnen Sie im Urlaub?

Wenn Sie an Ihren letzten Urlaub denken: Sie haben viel Schönes erlebt, aber sind Sie sich in diesem anderen sozialen Gefüge nicht manchmal wie ein Fremdkörper vorgekommen? Vielleicht hätten Sie gerne mehr Anschluß an die Alltagskultur des Gastlandes gefunden, ein bißchen das Leben der „Einheimischen" geteilt? Und bei Schlechtwetter: allein, zu zweit oder gar mit Kindern in einem Hotelzimmer – kaum Platz für ein Gesellschaftsspiel! Haben Sie da nicht an manchen Tagen sehnsüchtig an Ihre bequeme, geräumige Wohnung gedacht? Und daran, ob es Ihrer Katze oder Ihrem Goldfisch wohl gerade auch gut geht?

Ihnen kann geholfen werden: Sie beteiligen sich an einem „Haustausch-Programm". Sie tauschen mit einer Familie aus dem Land Ihrer Wahl Wohnung bzw. Haus (wenn Sie auf Urlaub sind, brauchen Sie Ihr Haus ja nicht!). Sie haben genug Platz für sich und Ihre Familie, können – wenn Sie das wollen – „wie die Einheimischen" im Supermarkt einkaufen und selbst etwas kochen; aber vor allem erfahren Sie durch die Wohnung, die Sie benutzen, viel über das Lebensgefühl Ihres Gastlandes. Nebenbei bemerkt: Es kostet Sie nichts. Ihr Tauschpartner kümmert sich um Ihre Haustiere – so wie Sie sich um die seinen –, alles ist vorher abgesprochen; wenn die Tauschpartner wollen, können sie auch die Autos tauschen, sodaß jeder in der Umgebung seines Urlaubsziels spazierenfahren kann, ohne die lange Anreise mit dem Pkw machen zu müssen.

Es gibt in Österreich mehrere Haustausch-Vermittlungsagenturen, die Sie für wenige hundert Schilling in ihren Katalog aufnehmen.

Und was hat das nun mit „Nachhaltigkeit“ zu tun? Sehr viel: Denn ob Sie Ihren Urlaub nun in einer „Bettenburg“ oder in einer kleinen Frühstückspension verbringen – Tatsache ist, daß Sie in einer Behausung wohnen, die ausschließlich für Sie (und Ihre Mit-Touristen) errichtet wurde. Wenn Sie jährlich zwei Wochen in Lignano verbringen, müssen Sie die dortige Hotelfläche – aber auch die Pizzerias, Eissalons, Strandpromenaden etc. – anteilig auf Ihr Flächenverbrauchskonto setzen; dies aber nicht zu 2/52, sondern zu einem weit höheren Anteil. Der Ausbau in den Tourismusregionen richtet sich ja nach der Spitzenauslastung; wer außerhalb der Hauptsaison kommt, richtet in dieser Hinsicht keinen Schaden an, da er ja nicht der Anlaß für weitere Ausbauten ist.

Rechnen wir also acht Wochen Hauptsaison, so müssen Sie für zwei Wochen Urlaub ein Viertel der gesamten touristischen Infrastruktur auf Ihre Kappe nehmen – pro Kopf gerechnet natürlich. Das „fettet“ Ihren Verbrauch an Wohnfläche gehörig auf. Die anschauliche Folge ist die Zersiedelung und optische, oft auch soziale und ökologische Zerstörung gerade der schönsten Feriengebiete.

Bedeutet das nun „kein Urlaub mehr“? Keinesfalls; es bieten sich viele Möglichkeiten an. Wenn Sie weder schulpflichtige Kinder haben noch selbst Lehrer sind, können Sie es sich leisten, der touristischen Hauptsaison auszuweichen. Wenn Sie dann Urlaub machen, schaffen Sie Arbeitsplätze im Tourismus, ohne einen Ansporn für einen weiteren Ausbau der Bettenkapazität oder Gastronomie zu liefern.

Haus- und Wohnungstausch, „Mitwohnen“

- „INTERVAC AUSTRIA“, Pestalozzistr. 5, Postf. 106, A-9100 Völkermarkt, Tel. (0043/4232) 3838, auch für Schüler- und Studentenaustausch sowie gegenseitige Besuche, und „HomeLink International“, Juchg. 30/27, A-1030 Wien, Tel. (0043/1) 712 47 89, http://www.cjb.net, sind Haus- und Wohnungstauschagenturen.
- Die Mitwohnzentrale, Laudong. 7, A-1080 Wien, Tel. (0043/1) 402 60 61, vermittelt kurzfristige Wohnmöglichkeiten im Ausland während des Urlaubs des Wohnungsbesitzers (nicht auf Tauschbasis).

Wenn Sie hingegen an die Schulferien gebunden sind, bleiben Ihnen noch immer viele Möglichkeiten, die „nachhaltiger“ sind als Hotels in den Touristenzentren:

- Tauschen,
- „Mitwohnen“,
- Camping,
- die Wahl von Urlaubszielen abseits vom „Modetrend“ (wo die Hotels größer sind, als sie derzeit gebraucht werden, und Ihr Urlaub somit keinen Ansporn für einen Hotelneubau liefert),

Ist Camping nachhaltig?

Auf den ersten Blick scheint nichts harmloser als ein Zelt: einige Quadratmeter Stoff, ein paar Metallstangen, und das mitten in der freien Natur ... Wer mit dem Zelt im Rucksack verreist und (nach Absprache mit den Besitzern) auf Wiesenflächen campiert, verdient auch wirklich den Großen Grünen Öko-Orden (sofern das Entsorgungsproblem gelöst ist).

Anders liegt der Fall bei Monster-Campinganlagen für hunderte oder sogar tausende Zelte. Hier werden große Flächen auf Dauer belegt – pro Urlauber sogar wesentlich mehr als bei mehrstöckig errichteten Hotels. Wenn es sich um Gebiete handelt, die für landwirtschaftlichen Anbau nutzbar wären (und somit in unsere LIP-Bilanz gehören), sind derartige Anlagen nicht zu vertreten; Campingplätze liegen allerdings oft in Waldgebieten (Zelte zwischen den Bäumen) und sind somit „LIP-unschädlich“.

Der CIP-Bedarf ist im Vergleich zum Hotel auf einen Bruchteil reduziert (es müssen nur die Waschanlagen in fester Bauweise errichtet werden). Allerdings: Wer Polster, Decken und Kochzeug mitnehmen muß, ist in höherem Maß zur Benützung des Pkw veranlaßt als ein Hotelgast. Rechnet man die Anfahrt mit dem Auto hinzu, so sieht der CIP-Vergleich schon anders aus (zumindest für diejenigen, die nicht auch zum Hotel per Auto fahren würden).

Camping ist also nur dann „nachhaltiger“ als Urlaub im Hotel, wenn weder fruchtbare (mögliche Acker-)Flächen belegt noch zusätzliche Autokilometer verursacht werden.

- aber auch das Wohnen am Bauernhof (wo durch Urlaubsgäste vielleicht gerade das Zubrot erzielt wird, das die Aufrechterhaltung des landwirtschaftlichen Betriebs ermöglicht) oder in
- Privatwohnungen in Städten, wo einzelne Zimmer vermietet werden, die z.B. durch das Ausziehen von Kindern freigeworden sind.
- Sie können auch Organisationen wie z.B. SERVAS beitreten.

SERVAS – eine Organisation der Gastfreundschaft

SERVAS ist eine internationale Bewegung, die Kontakte zwischen Menschen aus aller Welt fördert, um so Toleranz und Verständnis füreinander wachsen zu lassen und Vorurteilsbarrieren zu überwinden. Es gibt etwa 12.000 GastgeberInnen in 113 Ländern, die üblicherweise pro Gast zwei Übernachtungen sowie – je nach Zeit und verfügbaren Mitteln – meist auch eine oder mehrere Mahlzeiten kostenlos anbieten.

SERVAS-Gastgeber kommen aus verschiedensten Lebensbereichen und haben naturgemäß sehr unterschiedliche berufliche und private Interessen – was sie gemeinsam haben, ist nur die Bereitschaft und Möglichkeit, Reisenden gleich welcher Herkunft, Rasse, Religion oder politischen Orientierung für begrenzte Zeit Gastfreundschaft zu gewähren.

SERVAS-Reisende müssen zumindest 18 Jahre alt sein und werden in einem Aufnahmeinterview über die Zielsetzungen und Grundlagen von SERVAS informiert; gleichzeitig versucht der Interviewer festzustellen, ob die Bewerberin bzw. der Bewerber für SERVAS geeignet ist, d.h. die nötige Toleranz, positive Einstellung und Offenheit mitbringt.

In Österreich gibt es derzeit knapp über 100 Gastgeber, die jährlich rund 300 Reisende beherbergen; etwa ebensoviele Österreicher sind als Reisende im Ausland unterwegs.

Auskunft: SERVAS, Rita Weiss, Dornerpl. 9,
A-1170 Wien, Tel. (0043/1) 408 23 30

SERVAS

. . . weltweit zu Freunden reisen

Urlaub alternativ?

Gerade umweltbewußte Menschen meiden aus Abscheu vor der Tourismusindustrie oft die ausgefahrenen Pfade – und buchen „Alternativurlaube“: Kameltouren durch die Sahara, Besuche bei Eingeborenen im Amazonasgebiet etc. Leider bewirken diese Idealisten unabsichtlich, daß auch die letzten Winkel dieser Erde touristisch erschlossen werden; auch wenn sie selbst sich rücksichtsvoll und unaufdringlich verhalten, folgen wenige Jahre später die „Neckermänner“ auf ihren Spuren, und schimpfend ziehen sich die „Ökos“ in noch abgelegenere Regionen zurück ...

Vielleicht ist es besser, einfach zu akzeptieren, daß gewisse Landstriche durch den Tourismus irreparabel verwüstet und kulturell entfremdet sind, und darauf hinzuwirken, daß in diesen Regionen immer dichteren Touristenschwärmen immer mehr Attraktionen geboten werden ... Wenn in einem klassischen Wintersportort das zwanzigste Hotel gebaut und die zehnte Seilbahn angelegt wird, ist das immer noch besser, als es wird eine gänzlich neue Region erschlossen.

Wer das „Fremde“ sucht, der kann auch auf positive Art fremde Kulturen entdecken – durch persönlichen Kontakt mit den dort lebenden und arbeitenden Menschen: etwa durch einige Wochen Mitarbeit in einem israelischen Kibbuz[30], bei der Ernte in Kuba oder Nicaragua (Auskünfte bei den Botschaften), beim „Bauorden“, bei „Service Civil International“ oder als Erntehelfer auf einem Biobauernhof (siehe Kasten nächste Seite).

Und wer körperliche Arbeit nicht leisten kann oder will, für den gibt es Programme wie z.B. „Welt-Anschauung“. Hier plant der ÖED[31] auf ausdrückliche Einladung eines Süd-Projektes den Besuch einer Gruppe bei den Menschen des Projektes. Die Vorbereitung auf die Reise umfaßt drei Wochenendseminare mit Themen wie Entwicklungspolitik, transkulturelles Lernen, Grundbegriffe der jeweiligen Landessprache usw.; eine landeserfahrene ÖED-Vertrauensperson begleitet die Gruppe während ihres vierwöchigen Aufenthalts, und danach findet ein Nachbereitungswochenende statt. 1997/98 gab es derartige Reisen nach Zimbabwe, Brasilien, Kenia, Kap Verde, Palästina/Israel und Ecuador. So schreibt etwa Monika L. über ihre Reise: „In diesen vier Wochen habe ich man-

Gemeinnützige Tätigkeit – und Spaß – im Sommerurlaub

- Die weltweite Organisation WWOOF (Willing Workers on Organic Farms) bietet jungen Menschen oder auch bereits Etablierten, die mit dem „Aussteigen“ liebäugeln, die Möglichkeit, Erfahrungen im biologischen Land- und Gartenbau zu sammeln. WWOOF vermittelt die Aufenthalte mit dem Ziel, Stadt und Land einander näherzubringen. Die Menschen können neue Kontakte knüpfen und nicht zuletzt die Welt kennenlernen. Als Gegenleistung für ihre Hilfe erhalten die „WWOOFer“ Kost und Quartier; bei längerem Aufenthalt ist auch ein Taschengeld möglich.
  WWOOF c/o. Hildegard Gottlieb, Langegg 155, A-8511 St.Stefan ob Stainz, Tel. (0043//3463) 82270
- „Service Civil International“ (SCI) bietet die Teilnahme an (in der Regel dreiwöchigen) Sommercamps in aller Welt an. Interessierte können aus einem dicken Katalog von hunderten Sozial- und Umweltprojekten wählen. Bei jedem dieser Projekte treffen sich ein bis zwei Dutzend junge Menschen aus aller Welt.
  SCI, Schotteng. 3a, A-1010 Wien, Tel. (0043/1) 53 59 108
- Der „Bauorden“ (eine katholisch orientierte Organisation) vermittelt ebenfalls freiwillige Arbeitseinsätze (in etlichen europäischen Ländern), allerdings vorwiegend im baulichen Bereich (Restaurierungs- und Bauhilfsarbeiten).
  Bauorden, Hörnesg. 3, A-1030 Wien, Tel. (0043/1) 713 52 54
- Der Verein „Jugend Eine Welt – Don Bosco Aktion Austria“ organisiert Solidaritätseinsätze in Ländern der „Dritten Welt“ (etwa Ghana und Mexiko). Ziel der Aufenthalte in den Sommerferien ist das Hineinschnuppern und Mitarbeiten bei Straßenkinder- und Berufsausbildungsprojekten.
  „Jugend Eine Welt“, St. Veit-Gasse 25, A-1130 Wien,
  Tel. (0043/1) 87839-531
- Auch der Verein „Arche Noah“ (siehe S. 39) sucht jeden Sommer für Gartenarbeiten (mindestens drei Wochen) engagierte Menschen.
- Das Forum Umweltbildung veröffentlicht jährlich im Frühling eine „Ökojobliste“.
  „Forum Umweltbildung“, Alser Straße 21, A-1080 Wien,
  Tel. (0043/1) 402 47 01

ches von und mit den Menschen gelernt. Geduld, Freude, Menschlichkeit – was ‘Menschsein’ bedeutet. Und über Sorgen – was wirklich Sorgen und Probleme im Leben sind. Ich sah, fühlte und lernte auch, was wirklich im Leben lebenswert ist. Vieles, was die ZimbabweanerInnen besitzen und fühlen, ist bei uns schon längst verlorengegangen. Ich habe auch viel über mich und für mich erfahren."

Zum Schluß: Kleiner Wohn-Knigge

- Bei bestehenden Häusern/Wohnungen: Höchste Priorität hat eine ausreichende Wärmedämmung!
- Sie suchen ein Haus/eine Wohnung: Renovieren ist besser als neu bauen; verdichteter Flachbau (eventuell als Wohnprojekt) ist besser als ein Einzelhaus. Anschluß an öffentliche Verkehrsmittel beachten!
- Klein, aber mein: Hohe Bankkredite machen unfrei und sind bei Partnerschafts- und Berufsproblemen ein Existenzrisiko. Besser die eigenen Bedürfnisse nochmals überdenken als unnötige Schulden machen!
- Sie überlegen ein Heizsystem: Überlegen Sie, ob eine Hackschnitzelheizung in Frage kommt! Warmwasser sollte nach Möglichkeit solar erzeugt werden.
- Sie wollen verreisen: Ihr Urlaub sollte menschliche und kulturelle Kontakte fördern und eine bestehende Infrastruktur besser auslasten, aber möglichst keinen Anreiz zum Ausbau von Tourismusanlagen bieten.

Zahlen und Fakten zum Tourismus

- Laut Schätzungen der Welt-Tourismus-Organisation machen jährlich rund 600 Millionen Menschen eine Auslandsreise, also im Schnitt jeder zehnte Mensch.
- Gerd Sammer von der Universität für Bodenkultur erwartet, daß im Jahr 2020 pro Kopf der österreichischen Bevölkerung 20.300 Reisekilometer anfallen werden – um 52% mehr als noch 1995. Der Zuwachs dürfte überwiegend auf den motorisierten Individualverkehr entfallen und – zusammen mit einer Steigerung des Güterverkehrs um 40% – zu einer Zunahme der verkehrsbedingten CO_2-Emissionen um 25% führen.
- Der Himalayastaat Bhutan setzt auf ökologisch verträglichen Fremdenverkehr. Als armes Land braucht Bhutan die Einnahmen aus dem Tourismus, will aber keinen „Ausverkauf". Die Begrenzung der Zahl der Ausländer erfolgt durch den Preis: 200 US-Dollar pro Tag muß jeder Tourist bezahlen, inkludiert sind darin Unterkunft, Verpflegung, Transporte und Führer.
- Auch Äthiopien setzt auf ökologisch orientierten Tourismus. Einnahmen aus Nationalparks sollen die Armut lindern helfen. Ebenso wie in Bhutan waren auch hier bei der Planung und Beratung österreichische Entwicklungshelferinnen und Entwicklungshelfer im Einsatz.

(Quelle: „Der Standard", 23. 5., 20. 6., 27. 7., 23. 10. 1997)

Ein „ganz anderes Jahr"

Wer einmal für längere Zeit aus seinem Alltag heraustreten und an einem anderen Ort mit anderen Menschen andere Sachen machen will, für den gibt es eine Reihe interessanter Angebote:

- Das „freiwillige ökologische Jahr" (FÖJ) wird von der Katholischen Jugend Österreichs vermittelt. Jugendliche (vor allem zwischen Schulabschluß und Berufseinstieg) können ein Jahr lang bei Umweltorganisationen mitarbeiten und erhalten Gelegenheit zu Berufsorientierung und Qualifizierung. Unterkunft, Verpflegung, Sozialversicherung und ein geringfügiges Taschengeld werden geboten.
  KJÖ, Johannesg. 16, A-1010 Wien, Tel. (0043/1) 512 16 21
- Ähnliche Voraussetzungen gelten für das „freiwillige soziale Jahr".
  Informationen: „Verein zur Förderung freiwilliger sozialer Dienste", Kapuzinerstr. 84, A-4020 Linz, Tel. (0043/732) 76 10-3910

- Das Interkulturelle Zentrum (IKZ) bietet Jugendlichen (von 18 bis 25 Jahren) die Möglichkeit, im Rahmen des „Europäischen Freiwilligendienstes" (EFD) in anderen europäischen, mitunter auch außereuropäischen Ländern bei gemeinnützigen Organisationen im Sozialbereich mitzuarbeiten. Pluspunkte dieses Angebots sind vor allem das interkulturelle Lernen, die Auslandserfahrung sowie das Verstärken der sozialen Kompetenz.
  IKZ, Kettenbrückeng. 23, A-1050 Wien, Tel. (0043/1) 586 75 44
- Achtung Zivildienstkandidaten! Der Zivildienst kann auch als „Zivilersatzdienst" in Form eines Auslandseinsatzes geleistet werden – er dauert dann allerdings 14 Monate. Achtung: Bis zwei Tage vor Erhalt des Einberufungsbefehls (also auch nach der Musterung!) ist eine Zivildiensterklärung möglich! Der „Auslandsdienst" hat drei mögliche Aufgabengebiete:
  - als „Sozialdienst" (etwa in Südamerika, Afrika, Rumänien). Auskunft z.B. „Jugend Eine Welt" (siehe S. 87)
  - als „Gedenkdienst"; z.B. in Auschwitz oder der Anne Frank-Stiftung
    Auskunft: „Gedenkdienst", Treitlstr. 3, A-1040 Wien,
    Tel. (0043/1) 581 04 90
  - als „Friedensdienst" (etwa in Ex-Jugoslawien oder Ostjerusalem);
    Auskunft etwa bei: „Verein österreichische Friedensdienste",
    Steing. 47, A-5020 Salzburg, Tel. (0043/662) 873 931

  Übrigens: Jeder mindestens zweijährige Entwicklunghilfedienst (also ein bezahlter Einsatz, wofür allerdings entsprechende Qualifikationen erforderlich sind) befreit von der Verpflichtung zur Leistung des Wehr- oder Zivildienstes. Auskunft: ÖED (siehe Fußnote 31).
- Ebenso wie „Jugend Eine Welt" bietet auch der ICYE (International Christian Youth Exchange) zwölfmonatige Volontariatstätigkeiten in der Dritten Welt an. Diese sind im Gegensatz zum Zivilersatzdienst auch für Frauen zugänglich, auch der Altersbereich ist nicht so eingegrenzt. Allerdings sind Reise- und Vorbereitungskosten (wie etwa Sprachkurse), Versicherungen etc. selbst zu tragen.
  ICYE, Liechtensteinstr. 20/9, A-1090 Wien, Tel. (0043/1) 319 51 28
- Übrigens: die jeweils aktuellsten Tips für kurz- und längerfristige Einsätze finden sich in der kostenlosen Broschüre „Jobben im Ausland", die jährlich vom Bundesministerium für Umwelt, Jugend und Familie herausgegeben wird.
  Zu bestellen unter: (0800) 240266[32] bzw. http://www.jugendinfo.at

Anmerkungen

1 Das wird allerdings nicht nur durch den Wohnbau bewirkt, sondern auch durch immer neue Büros, Fabriken und Freizeiteinrichtungen ...

2 Materialflußrechnung Österreich – Zusammenfassung. Schriftenreihe des BMUJF, Band 2/96.

3 Davon 60% Kies und Schotter sowie 30% Transportbeton.

4 Das Unglück von Lassing hat allerdings hier ein Umdenken bewirkt; wie sich die neuen Vorschriften in der Praxis auswirken werden, bleibt abzuwarten.

5 Natürlich sind die ökonomischen Zwänge für die Landflucht vorrangig, aber eine intakte Dorfidentität läßt so manchen auf ein höheres Einkommen verzichten und die Arbeit in der Region vorziehen.

6 In diesem legen die Gemeinden fest, auf welchen Flächen gebaut werden darf. Im Idealfall geht es darum, den Ortskern zu verdichten, Naturflächen zu erhalten und die Länge des Straßen- und Leitungsnetzes nicht übermäßig aufzublähen. Da eine Umwidmung in Bauland aber mit enormen Wertsteigerungen verbunden ist (die dem Grundinhaber ohne Gegenleistung quasi geschenkt werden), fließen immer wieder auch persönliche und politische Freundschaften mit ein ...

7 1 Liter Benzin (entspricht 0,85 kg) erzeugt bei Verbrennung rund 2 kg CO_2.

8 Wie auf Seite 38 dargestellt, müßte genaugenommen auch die Energie für die Herstellung des Autos anteilig den gefahrenen Kilometern zugeschlagen werden, ebenso die anteiligen Energieaufwendungen für den Straßenbau etc. – somit könnten wir uns mit unserem täglichen CO_2-Budget allenfalls eine tägliche Fahrt von zweimal 10 bis 15 km „leisten"!

9 Leitfaden Klimaschutz auf kommunaler Ebene. Hrsg. vom Bundesministerium für Umwelt. Wien 1995.

10 Unter der Voraussetzung, daß der Strom aus kalorischen Kraftwerken kommt; der Grund dafür: Bei der Umwandlung von fossilen Brennstoffen in Strom liegt der Wirkungsgrad weit unter 50%, sodaß es zu ungeheuren Verlusten kommt.

11 Energie-Mitteilungen für Lehrer, 1/98, OKA, Linz.

12 Bundesministerium für wirtschaftliche Angelegenheiten: Energiebericht 1996 der österreichischen Bundesregierung. Die jeweils aktuellste Energieflußübersicht Österreichs findet sich unter: http://www.eva.wsr.ac.at/enz/efluss.htm

13 Wenn der Zusatzbedarf durch Stromimporte gedeckt wird, stammt der Strom ebenfalls aus kalorischen Kraftwerken oder aus Atomkraftwerken.

14 Auskünfte und Adressen von Vorzeigeprojekten (auch in Kombination mit Solartechnik) erhalten Sie vom Europäischen Zentrum für Erneuerbare Energie, Hauptplatz 7, A-7540 Güssing, Tel. (0043/3322) 443 26.

15 Und sie steigern unseren ohnehin schon überhöhten Bodenverbrauch (Sollwert: 4 Quadratmeter pro Kopf und Tag) noch weiter.

16 Der durchschnittliche Energieertrag von Rapsmethylester beträgt ungefähr 50 GJ/ha (http://www.biodiesel.de), der jährliche Energiegewinn einer solarthermischen Anlage hingegen je nach Lage 1,1 bis 1,8 GJ/m² (lt. Angabe der ARGE Erneuerbare Energie).

17 Gemeint ist der jährliche Umweltraum (d.h. 365 mal 4 m²).

18 Detaillierte Auskünfte und Informationsmaterial: ARGE Erneuerbare Energie, A-8200 Gleisdorf, Postf. 142, Tel. (0043/3112) 5886, http://www.datenwerk.at/arge_ee

19 Oder lesen Sie das Buch von Astrid Schneider: Solar-Architektur für Europa (1996) – dazu gibt es ein Video (43 Minuten) mit Begleitheft.

20 Das Jahr hat 365 mal 24, also 8.760 Stunden. Multipliziert mit den 10,5 Kilowatt würden sich über 90.000 Kilowattstunden ergeben – und nicht die angenommenen 20.000. Die Ursache für diese Diskrepanz: Es wird ja nicht das ganze Jahr Tag und Nacht geheizt. Für übliche Häusernutzung wird durch einen Faktor zwischen 4 und 5 (hier 4,5) dividiert – das Haus ist also nicht 8.760 Stunden „in Betrieb", sondern nur 1.600 bis 2.000 „Vollaststunden" (siehe Kasten auf S. 79).

21 Analog zum „Dreiliterauto" spricht man oft vom „Dreiliterhaus": Da 1 Liter Erdöl ungefähr 10 Kilowattstunden entspricht, bedeutet das 30 Kilowattstunden pro Quadratmeter und Jahr, das entspricht bei etwa 1.800 „Vollaststunden" einer spezifischen Heizlast von 17 W/m² – ein ambitionierter, aber durchaus erreichbarer Wert.

22 Achtung bei den Stromkosten: Sie dürfen nur die Stromkosten für die Heizung berücksichtigen. Eine Methode dazu: Sie berechnen die Differenz des Stromverbrauchs für das Winterhalbjahr (1. 10. bis 31. 3.) und für das Sommerhalbjahr und schauen, wieviel Prozent des jährlichen Stromverbrauchs das sind. Der entsprechende Anteil Ihrer Stromkosten kann der Heizung zugerechnet werden. Beispiel: Sie verbrauchen 65% Ihres Stroms im Winterhalbjahr; Ihre gesamten Stromkosten seien 11.000 Schilling. Dann können Sie rechnen: 35% fürs Sommerhalbjahr, macht 30% Differenz. Somit entfallen 30% von 11.000 = 3.300 Schilling auf Heizen mit Strom.

23 Johannes Fechner, in: Klimabündnis-Rundbrief, Nr. 5, 1996, S. 10.

24 Studie „Kostenoptimale Klimaschutzstrategien im Raumwärmebereich". Österreichischens Ökologie-Institut, Wien 1996.

25 Studie „Alternatives Energiekonzept für Salzburg". Wien 1996.

26 Diese Liste wird gemeinsam mit dem Umweltministerium erstellt.
Infos: Energieverwertungsagentur EVA, Linke Wienzeile 18, A-1060 Wien,
Tel. (0043/1) 586 15 24, http://www.eva.wsr.ac.at/contracting

27 Etwa: Umweltberatung Österreich, 1060 Wien, Mariahilferstr. 89,
Tel. (0043/1) 587 73 93.

28 Hofer, Markus: Instrumente zur Reduktion der Kohlendioxid-Emissionen. Graz 1993.

29 „Salzburger Nachrichten", 20. 12. 1996.

30 Auskünfte: Kibbuz-desk beim Jewish Welcome Service, Stephanspl. 10, A-1010 Wien, Tel. (0043/1) 533 43 24.

31 Auskünfte: Österreichischer Entwicklungsdienst, Türkenstr. 3, A-1090 Wien, Tel. (0043/1) 317 53 74. Detaillierte Informationen sind im ÖED-Rundbrief Nr. 204 enthalten. Ähnliche Angebote hat auch der gemeinnützige Verein eco + culture, Tel. (0043/1) 607 91 00-26.

32 Diese Nummer ist nur aus Österreich erreichbar.

5. Die Dinge und Sie

Interview mit Herrn Meier

Interviewen wir einmal einen Mitbürger – nennen wir ihn Herr Meier – in seinem Wohnzimmer. Seine neue Sitzgarnitur wirkt beeindruckend. War seine „alte“ nicht eigentlich auch noch ganz passabel? Nun ja, er hatte sich schon an ihr „sattgesehen“, und einen kleinen Fleck hatte sie auch schon. Doch, gesessen ist man noch sehr bequem ...

Stimmt, die „neue“ war recht teuer, aber mit ein paar hundert Überstunden hat er den Bankkredit dafür schon fast ganz abbezahlt. Jetzt ist es bald wieder soweit, daß er öfter Zeit hat, sich abends auf seiner Sitzgarnitur zu entspannen. (Allerdings – an seinem Wandverbau hat er sich eigentlich auch schon sattgesehen ...)

Die „alte“ Sitzgarnitur? Die hat er ordnungsgemäß entsorgt – sie liegt jetzt auf einer Mülldeponie. Zufällig genau auf jener, gegen deren Erweiterung erst kürzlich der gesamte Gemeinderat seiner Gemeinde protestiert hat – bei der Demonstration war Herr Meier natürlich auch dabei, so wie die meisten seiner Mitbürger.

Überlegen wir nun einmal in Ruhe, was da mit Herrn Meier passiert. Was bringt ihn dazu, ein durchaus noch akzeptables Möbelstück wegzuwerfen? Wieso kann er sich das eigentlich leisten – und auf wessen Kosten? Und welche Folgen hat das schließlich für die Umwelt?

Arbeitslosigkeit durch langlebige Produkte?

Mit der Automatisierung stieg und steigt die Produktivität. Um eine konkrete Zahl zu nennen, gehen wir einmal davon aus, daß ein Arbeiter in einer Stunde heute fünfmal so viel produziert wie zu einem bestimmten Zeitpunkt vor einigen Jahrzehnten.[1] Man braucht aber nicht fünfmal so viel. Hier gibt es vier mögliche Reaktionen:

1. „Jeder arbeitet kürzer“ – Arbeit teilen

Eine Antwort auf dieses Problem ist die Verringerung der für die Produktion der Güter benötigten Mann-(bzw. Frau-)Stunden um den Faktor 5 – in einer wesentlich kürzeren Zeit würde also dieselbe Menge erzeugt. Das war ursprünglich die in den technischen Fortschritt gesetzte Hoffnung: Maschinen sollten das Leben leichter machen und mehr Freizeit bringen. Tatsächlich arbeiten wir heute wesentlich weniger Stunden als unsere Großeltern (allerdings viel intensiver, was oft unsere Lebensqualität beeinträchtigt) – und doch noch viel zu viel angesichts der rasant gestiegenen Produktivität.

Wird nämlich unsere Arbeitszeit tatsächlich – bei gleichem Lohn – auf den fünften Teil reduziert, dann steigen die Stundenlöhne auf das Fünffache. Da es aber keine weltweiten Kollektivverträge gibt, wächst damit für die Unternehmer die Versuchung, die Produktion in Länder mit niedrigem Lohnniveau auszulagern – und diese Versuchung wird durch die Wettbewerbslogik des Marktes („Wenn ich es nicht tue, tut es ein anderer, und ich gehe pleite“) zum Muß. Die technischen Möglichkeiten der Telekommunikation und die niedrigen Transportkosten erleichtern diese Tendenz, die unter dem Schlagwort „Globalisierung“ bekannt ist.

2. „Weniger Leute arbeiten“ – Entlassungen

Die zweite Möglichkeit zur Verringerung der Mann-Stunden: Nicht die „Stunden“ werden reduziert, sondern die „Mann“ – von fünf Arbeitern bleibt einer übrig, die anderen werden arbeitslos. Trotz aller Beschäftigungsprogramme steigt die Arbeitslosigkeit in den Industriestaaten immer weiter, und tatsächlich behaupten düstere Prognosen, daß in wenigen Jahrzehnten nur mehr für 20% der Menschen ein bezahlter Arbeitsplatz zur Verfügung stehen wird.[2]

3. „Mehr Leute konsumieren" – Exportoffensiven

Aus Angst vor den menschlichen und politischen Tragödien, die eine Massenarbeitslosigkeit bewirken könnte, setzt man daher auf die dritte Möglichkeit: Da fünfmal soviel produziert wird, muß fünfmal soviel verkauft werden. Hier böte sich die Chance, den Menschen in den armen Ländern ebenfalls eine Grundausstattung unserer Konsumwelt zu verschaffen – nicht umsonst gibt es ein enormes Interesse des Westens am rasanten Aufschwung etwa der chinesischen Wirtschaft (über 1 Milliarde potentielle Kunden).

Wäre es nicht schön, wenn es allen Menschen materiell so gut ginge wie uns? *Diese* Formulierung des Wunsches nach Gerechtigkeit stößt aber an ökologische Grenzen. Jedem Chinesen sein Auto – das hält die (Um-)Welt nicht aus, weil das den CO_2-Ausstoß vervielfachen würde; auch wenn das viele Politiker und schon gar die großen Industriekonzerne nicht einsehen wollen.[3]

„Exportoffensiven" lösen das Problem außerdem nicht wirklich, sondern verschieben es nur zeitlich und räumlich. Zeitlich, da die Importländer, um die Kredite für die gekauften Güter zurückzahlen zu können, bald ihrerseits mit Exporten auf den Weltmarkt drängen müssen und damit das Problem verschärfen. Und räumlich, weil klar ist: Wenn es Länder gibt, die mehr produzieren, als sie konsumieren (und somit zusätzliche Arbeitsplätze schaffen), hat das zur Folge, daß es Länder geben muß, die mehr verbrauchen als produzieren (also weniger Arbeitsplätze haben, als ihrem eigenen Verbrauch entspricht) – mit unseren Gütern exportieren wir auch Arbeitslosigkeit und soziale Probleme.

4. „Die Dinge halten weniger lang" – Wegwerfprodukte

Der scheinbar einzige Ausweg: Man verringert die Nutzungsdauer der Produkte auf ein Fünftel – sei es durch bewußt zerbrechliche oder reparatur-unfreundliche Gestaltung, sei es durch forcierten Wechsel der Konsumgewohnheiten durch Mode und Werbung. (Viele werden sich noch an den Slogan „Man kann nie genug Schuhe haben" erinnern ...)

Natürlich sind die hier vorgestellten vier Antworten auf das Problem der steigenden Produktivität stark vereinfacht dargestellt – tatsächlich geht es nicht um ein „Entweder-Oder", sondern um ein „Sowohl-Als-auch". Alle vier (und noch weitere) Effekte treten auf; es muß uns klar sein, daß ein Zurückdrängen eines der Effekte einen stärkeren Anstieg der drei anderen bewirkt. Will man also beispielsweise die Arbeitslosigkeit senken, so muß die Arbeitszeit verkürzt und/oder mehr exportiert und/oder die Nutzungsdauer der Produkte weiter verringert werden.

Wie sieht das alles nun aus dem Blickwinkel der Nachhaltigkeit aus?

Global betrachtet, gibt es keinen „Export" – Methode 3 kann also nur kurzfristig wirksam sein, und das um den Preis, daß die Probleme mittelfristig noch massiver werden. Methode 4 ist aus ökologischen Gründen abzulehnen: Je kurzlebiger Produkte sind, desto mehr Energie und Rohstoffe werden verbraucht, und desto mehr Müll entsteht.

Variante 2 – eine Reduktion der Anzahl der Beschäftigten – muß nicht unbedingt Arbeitslosigkeit bedeuten. Bei entsprechender Umschulung und ausreichendem Bildungsgrad können viele, die im Produktionsbereich ihre Jobs verloren haben, im Dienstleistungsbereich neue finden. Aus Sicht der Umwelt macht das Sinn, da Dienstleistungsberufe meist deutlich weniger rohstoff- und energieintensiv sind.

Aber es gibt auch andere Antworten auf Arbeitslosigkeit: hier zwei davon.

- In Österreich werden jährlich fast 100.00 Kinder geboren – von den fast 100.000 Vätern gehen nur wenige hundert in Karenz. Frauen erhalten bis zu 18 Monate Karenzgeld; wenn auch der Mann bereit ist, mindestens 6 Monate in Karenz zu gehen, werden insgesamt 24 Monate bezahlt. Nähme nun jeder Vater in Österreich dieses Angebot des Staates an – zum Nutzen seiner Kinder, seiner Beziehung, aber auch seiner eigenen Persönlichkeitsentwicklung –, wären auf einen Schlag rund 50.000 Arbeitsplätze geschaffen.[4]

- Eine weitere interessante Idee ist die Einführung einer Grundsicherung bzw. eines Grundeinkommens.[5] Dabei geht es darum, daß jeder Mensch – ob er nun arbeitet oder nicht – unabhängig von erbrachten Leistungen oder schon bezahlten Beiträgen das Recht auf Empfang einer monatlichen Mindestsumme auf unbegrenzte Zeit haben soll. Die instinktive Ablehnung, die dieses Modell bei vielen Menschen hervorruft („Wer nicht arbeitet, soll auch nicht essen"), läßt außer acht, daß die Zeiten sich geändert haben: Für die Schaffung eines Arbeitsplatzes gibt der Staat (an Subventionen für Unternehmen und Infrastrukturleistungen) einige hunderttausend, in Einzelfällen sogar über eine Million Schilling aus – samt Zinsen

Grundeinkommen – blüht der Pfusch?

Als Gefahr dieses Modells wird oft ins Treffen geführt, viele Menschen würden ihre „offizielle" Arbeit aufgeben, das Grundeinkommen kassieren und nebenher „pfuschen".

Nun muß man bedenken, daß sich die Gesamtzahl der Arbeitsstunden, die in Österreich geleistet werden, durch das Grundeinkommen nicht ändert – einige hören mit bezahlter Arbeit auf, und andere können damit anfangen. Daher bleibt auch die insgesamt fürs Pfuschen verfügbare Zeit gleich.

Wenn allerdings das Grundeinkommen so geregelt ist, daß es bei einem gewissen dazuverdienten Betrag entweder komplett wegfällt oder um den zusätzlichen Verdienst reduziert wird, werden viele Menschen zur Schwarzarbeit gedrängt. Das kann verhindert werden, indem *allen* Menschen ein Grundeinkommen ausbezahlt wird und dieses – sowie ein kleiner Zusatzverdienst – steuerfrei ist.

Das bedeutet: Jede Österreicherin und jeder Österreicher bekommt beispielsweise 8.000 Schilling monatlich vom Staat (Kinder entsprechend weniger). Berufstätige erhalten ihr Einkommen zusätzlich; die Steuerquoten würden allerdings erhöht werden, sodaß „Durchschnittsverdiener" netto etwa dasselbe erhalten wie bisher.

Noch besser wäre es allerdings, würde der Staat die für die Auszahlung des Grundeinkommens benötigten Mittel nicht durch eine Erhöhung von Lohn- und Einkommensteuersätzen, sondern durch Ökosteuern – wie etwa eine Energiesteuer – einheben.

ist das oft mehr als das Grundeinkommen für eine Person für mehrere Jahrzehnte.[6]

Während unfreiwillig arbeitslos Gewordene oft Schaden an ihrem Selbstwertgefühl nehmen, muß das nicht für Menschen zutreffen, die sich bewußt für ein bescheidenes Leben mit nur einem Grundeinkommen, dafür aber ohne Arbeit entscheiden – sie machen Platz für andere, die vielleicht wirklich unter der Arbeitslosigkeit leiden, und sind keine „Sozialschmarotzer", sondern Menschen, die einen anderen Lebensstil vorziehen[7] und ihre freie Zeit vielleicht für verstärkte soziale Kontakte, künstlerische Tätigkeit, Mitarbeit in gemeinnützigen Organisationen etc. verwenden.

Durch Anpassung der Höhe des Grundeinkommens kann die Zahl der Menschen, die freiwillig auf Arbeit verzichten, so gesteuert werden, daß gerade (fast) keine Arbeitslosigkeit herrscht, aber umgekehrt auch noch kein Arbeitskräftemangel spürbar wird.[8]

Für jeden Menschen, den der Staat als „freiwillig Arbeitslosen" mit öffentlichen Geldern unterstützt, erspart er sich das Arbeitslosengeld bzw. Notstands- oder Sozialhilfe für einen anderen Menschen, der den nun freigewordenen Arbeitsplatz einnehmen kann. So werden die Kosten des Grundeinkommens nicht übermäßig hoch sein; sie werden allerdings aus Steuereinkünften zu finanzieren sein.

Arbeitszeitverkürzung als Ausweg?

Variante 1 scheint am vielversprechendsten; tatsächlich wird eine Arbeitszeitverkürzung von immer mehr Politikern gefordert – und teilweise, wie etwa in Frankreich, auch schon in die Tat umgesetzt, allerdings nur in unzureichendem Ausmaß. Wenn nämlich nach jahrzehntelangen Debatten die Arbeitszeit von 40 auf 35 Wochenstunden reduziert wird, entspricht diese Reduktion (12,5%) dem industriellen Produktivitätsfortschritt nur weniger Jahre.

Ein anderes Modell geht vom freiwilligen Teilen der Arbeit aus.[9] Ein Rechenbeispiel: Drei Dienstnehmer reduzieren ihre Arbeitszeit von 40 auf 30 Stunden – ein vierter Dienstnehmer kann für 30 Stunden aufge-

Bei einem Symposium der Aktion MitArbeit in Vorarlberg forderte Helmut F. Karner (verantwortlich für die Personalentwicklung von Olivetti weltweit) eine sofortige Arbeitszeitverkürzung um 30%. Er zitierte eine deutsche volkswirtschaftliche Studie, wonach diese „Arbeitsumverteilung" mit einer nur zweiprozentigen Reduktion der Nettoeinkommen möglich wäre (siehe „Der Standard", 9. 5. 1997).

Das ist insofern wichtig, da eine große Mehrzahl der Menschen nicht zu einer Arbeitszeitverkürzung bei gleichzeitigen Lohnkürzungen bereit ist. Bei einer deutschen Umfrage lehnten 72% die Einführung der 32-Stunden-Woche „ohne vollen Lohnausgleich" ab (siehe„Der Standard", 21. 4. 1997).

Es ist also noch viel Aufklärungsarbeit nötig, bis das „Kartell der Jobbesitzer" (Bernd Marin) sich zum Teilen bereit findet ...

Daß „Arbeit teilen" funktionieren kann, zeigt das VW-Werk in Wolfsburg: VW verzichtete auf die Entlassung tausender Mitarbeiter, diese wiederum nahmen eine 10prozentige Lohnkürzung in Kauf. Dafür müssen sie nur mehr 28,8 Stunden pro Woche arbeiten (siehe „Der Standard", 9. 3 1998).

nommen werden. Hat vorher jeder beispielsweise 12.000 Schilling verdient, so muß der „Pott" nun durch 4 geteilt werden – allerdings liegen in ihm nicht nur die dreimal 12.000 Schilling, sondern noch die beispielsweise 9.000 Schilling Arbeitslosengeld für den Vierten im Bunde, die das Arbeitsmarktservice nun zur Verfügung stellt. Das heißt: Jeder der vier arbeitet um ein Viertel weniger, verdient aber nur um rund 750 Schilling (etwa 6%) weniger.[10] Kollektivverträge könnten sicherstellen, daß unter einer bestimmten Einkommensschranke überhaupt keine Lohneinbußen auftreten.

Einer massiveren Arbeitszeitverkürzung steht die begründete Angst vor dem Abwandern der Industrie in Niedriglohnländer entgegen. Erst wenn es einmal keine Niedriglohnländer mehr gibt und auch die sozialen und Umwelt-Standards überall einigermaßen gleich sind, dann sind auch radikale Arbeitszeitverkürzungen (auf die Hälfte und weniger) denkbar – die humanste und ökologisch sinnvollste Antwort auf den Produktivitätszuwachs.

Die Schlußfolgerung: Damit wir in Muße die Früchte des technischen Fortschritts ernten können und nicht zu seinen Opfern werden, müssen wir das Teilen lernen:

- das Teilen der Arbeit mit den Arbeitslosen (durch Verzicht auf Überstunden, Teilzeitmodelle, Bereitschaft zur Einführung eines Grundeinkommens etc.) und
- das Teilen des Konsums mit den Menschen in den „armen Ländern“ (denn das Ende der Niedriglohnländer ist zugleich das Ende der für uns billigen Massenwaren).[11]

Werbung – ist sie des Teufels?

Schon seit ihren Kindheitstagen hat die Umweltbewegung die Werbung verdammt. Die Argumente: Hier werden um viele Milliarden Schilling pro Jahr Leuten Bedürfnisse eingeredet, die sie „eigentlich“ (d.h. ohne ebendiese Werbung) nicht gehabt hätten. Und da die Firmen ja nur das tun, was ihren Gewinn steigert, muß jeder Schilling, den – sagen wir einmal – Mercedes in die Werbung steckt, mehr als einen Schilling zusätzlichen Gewinn bewirken (zumindest im Durchschnitt) und somit drei, vier oder auch mehr Schilling an zusätzlichem Umsatz. Mühelos kommt man dann zu der Behauptung, daß jeder von uns monatlich um ein paar hundert Schilling Dinge einkauft, die ihm nur eingeredet wurden.

Diese Aussage hat einen wahren Kern. Allerdings – ganz so einfach ist es leider nicht. Wie wir gerade vorhin gesehen haben, kann die gestiegene Produktivität durch Arbeitszeitverkürzung, Arbeitslosigkeit, Exportoffensive und/oder gestiegene Bedürfnisse im Inland kompensiert werden. Die als sinnvollster Weg erkannte Arbeitszeitverkürzung wird jedoch nicht so schnell die gesamte Produktivitätssteigerung auffangen können – so rasch wird sich der globale Ausgleich zwischen armen und reichen Ländern, der dafür Voraussetzung wäre, wohl nicht verwirklichen lassen (selbst wenn man das wollte).

Nachdem steigende Arbeitslosigkeit wohl von niemandem herbeigesehnt wird und auch Exportoffensiven, wie schon erwähnt, eigentlich sinnlos sind, bleibt nur der Ausweg der steigenden Bedürfnisse – das oft

Werbung – „grundsätzlich positiv"?

Auch wenn es noch so logisch klingt – ganz wohl kann einem nicht sein bei dem Gedanken, daß immer mehr immer raffiniertere Werbung, sofern sie nur „das Richtige" bewirbt, ein Weg sein kann, um ökologisch vertretbare Arbeitsplätze zu schaffen. Die Wirkungen der Dauer-Werbung auf die Psyche der „Beworbenen" ist nämlich fatal; Jacques Séguéla von der Agentur Euro-RSCG spricht es offen aus: „Die Aufgabe der Werbung ist es, den Konsumenten zu seinen verborgenen Erwartungen hinzuführen. Indem sie diese aufdeckt, erschafft sie erst die Lust, den wahren Motor unserer hemmungslosen Konsumgesellschaft."

Der berühmte Benetton-Fotograf Oliviero Toscani beschuldigt deshalb die Werbung des „Verbrechens gegen den inneren Frieden": „In ihrem Bemühen, uns das Glück zu verkaufen, erzeugt die Werbung letztlich Heerscharen von Frustrierten. Indem sie vermehrt Wünsche weckt, die unerfüllt bleiben müssen, verfehlt sie ihr Ziel und schafft Deprimierte und Kriminelle. Durch die ständige Verführung von morgens bis abends fühlen sich schließlich all jene, die sich abstrampeln, um einigermaßen über die Runden zu kommen, dabei nur geringe Gehälter oder das Existenzminimum verdienen und womöglich auf einem gefährdeten Arbeitsplatz sitzen, von der Gesellschaft zurückgewiesen. Und manche fühlen sich gar als Versager. Ihre Kinder bedrängen sie, doch diesen bunten Gameboy zu kaufen, ihre Frauen weinen, da sie nicht diese seidige Lotion mit Fruchtaroma besitzen oder jenen ewigwährenden Diamanten. Und so grämen sie sich gar bitterlich.

Die Werbung verkauft kein Glück, sie schafft vielmehr Depression und Angst, Wut und Depression" (aus: Toscani: Die Werbung ist ein lächelndes Aas. Bollmann-Verlag, Mannheim 1996).

Und weiter äußert sich Toscani über den zunehmenden Realitätsverlust: „Bald wird die ganze Welt am Tropf des Fernsehens und der Werbung hängen. (...) Wir werden in einer Technosphäre leben, in der die weitestgehend überflüssig gewordenen Körper mit riesigen Fernsehern und Computern mit 'Gefühlshandschuhen' verbunden sind.(...)

Wir können alles einkaufen, ohne das Wohnzimmer zu verlassen, indem wir den interaktiven Bildschirm antippen, wenn uns im Anschluß an verlockende 3D-Reklamespots die Lust danach überfällt. (...) Dank Cybersex-Verbindungen besteigen wir eine virtuelle Claudia Schiffer mit zwölf elastischen Brüsten, und wir können an Knöpfchen drehen, um das höchste der Gefühle zu erreichen. Hurra, hurra, das Glück ist da!"

Wenn wir an das Diagramm von Seite 23 zurückdenken: Ist hier nicht die Werbung gerade der Motor, der dem wahnwitzigen Kreislauf „Sinnverlust–Überkonsum–Überarbeit“ ständig neuen Schwung gibt? Sind die Arbeitsplätze in der Werbewirtschaft (auch wenn sie noch so „dienstleistungsintensiv“ sind) mit dieser zusätzlichen Verschärfung des grundsätzlichen Problems nicht teuer erkauft? Ist es sinnvoll, stetig vermindertes Wohlbefinden in Kauf zu nehmen, um dem Teilen von Wohlstand (durch Teilen von Arbeit) zu entgehen?

verteufelte „Wirtschaftswachstum“. Allerdings: Die zusätzlichen Bedürfnisse sollten nach Möglichkeit immateriell sein, also anders strukturiert als bisher. Werbung für ein Zweitauto ist somit tatsächlich verwerflich, Werbung für häufigeren Kino- oder Friseurbesuch jedoch nicht[12] – sie motiviert die Menschen im Gegenteil sogar dazu, einen größeren Anteil ihres Einkommens für Dienstleistungen auszugeben.

Und wenn aus Gründen der Nachhaltigkeit eine radikale Umstellung unserer Konsumgewohnheiten nötig ist – wie könnte das ohne intensive Werbung gelingen? Werbung kann also gut oder schlecht sein, je nachdem, ob sie sich auf ökologisch vorteilhafte oder schädliche Waren bzw. Dienstleistungen bezieht.

Die Steuerung des Konsums zwischen ökologisch/sozial erwünschten bzw. unerwünschten Gütern und Dienstleistungen kann nicht dadurch erfolgen, daß Werbung für letztere verboten bzw. behindert wird, sondern dadurch, daß diese Güter und Dienstleistungen selbst (wie das mit katalysatorlosen Autos geschehen ist) verboten bzw. (durch hohe Abgaben oder andere Maßnahmen) behindert werden.

Und die Waschmittelwerbung?

Sprichwörtlich ist die immense Werbung für Waschmittel – und doch führt sie kaum zu einer Steigerung der verkauften Waschmittelmenge. Wahrscheinlich würden auch alle Waschmittelkonzerne gern darauf verzichten – aber wenn das nicht alle tun, sind die, die die Werbung einstellen, die Verlierer. Und so kommt es, daß wir im Supermarkt zwischen verschiedenen Waschpulverpäckchen um je ca. 100 Schilling wählen können, die wir aus der Werbung kennen – und in den 100 Schilling zahlen wir 20 oder 30 Schilling Werbung mit. Einzelne kleine Firmen haben es versucht, auf Werbung zu verzichten und den Preisvorteil an die Kunden weiterzugeben. Sie sind damit kläglich gescheitert.

Waschmittel brauchen wir immer gleich viel. Böswillige Menschen würden die Rolle der Werbung hier daher als parasitär bezeichnen – denn: Würde die Waschmittelwerbung ab morgen komplett verboten, blieben die Marktanteile der Firmen ungefähr gleich, aber wir Konsumenten könnten um ein Viertel oder Drittel billiger einkaufen. Okay, aber was ist Schlechtes an diesem Mitverdienen der Werbung? Dieser Wirtschaftszweig ist zu einem großen Teil Dienstleistung. Je mehr also für Waschpulver geworben wird, desto größer wird sein Dienstleistungsanteil – und umso geringer die Umweltbelastung pro ausgegebenem Tausender.

Werbung, die nur zu einer anderen Aufteilung eines insgesamt nicht wachsenden Kuchens führt, ist also grundsätzlich positiv. Erfolgt sie in Form von Millionen verschickter Flugblätter oder dicker Anzeigenteile von Zeitungen oder Zeitschriften, so kann sie bedenklich werden. Allerdings: Wenn ein ganzseitiges Inserat in einer Zeitung rund einen Schilling pro gedrucktem Exemplar kostet, machen der Papierpreis der Seite und die Energiekosten des Druckvorgangs nur wenige Groschen aus. Die Differenz finanziert vorwiegend die Dienstleistungen der Redaktion und des Vertriebs.[13] Bei Werbung im Radio, Fernsehen oder Internet beläuft sich der Dienstleistungsanteil auf nahezu 100%.

Werbung und Mode

Schon im Abschnitt über Kleidung haben wir Mode als einen der Hauptverursacher übertriebenen Konsums kennengelernt. Was dort über Textilien gesagt wurde, gilt in ähnlicher Weise auch für Möbel (Stichwort: „Haben Sie sich schon an Ihrer Wohnzimmergarnitur sattgesehen?“) und andere Konsumartikel. Hier übernimmt die Werbung oft die Aufgabe, durch Betonung und Beschleunigung von Trends „alte Dinge“ inakzeptabel zu machen und somit den Konsumrausch anzuheizen.

Aber auch hier gibt es positive Aspekte. Vor allem junge Leute geben oft einen beträchtlichen Teil ihres Einkommens für CDs, Frisuren, Discobesuche etc. aus. Wer sich unbedingt die gerade aktuelle CD kaufen „muß“, erwirbt um rund 200 Schilling ein Scheibchen mit einem Materialwert von vielleicht fünf Schilling.[14] Aber auch wer ein paar tausend Schilling für eine Karte der Salzburger Festspiele hinblättert, hat sein Geld fast völlig in Dienstleistungen gesteckt.

Mode ist daher vor allem dort kritisch zu betrachten, wo es um den Kauf von material- und energieintensiven Konsumgütern geht (insbesondere bei billiger Massenware, ob Kleidung, Möbel oder ähnliches). Wo „Image“ und „Kultur“ verkauft werden, sieht die Ökobilanz schon wesentlich freundlicher aus – es ist besser, man kauft um 200 Schilling *ein* minderwertiges T-Shirt mit dem Bild von Leonardo DiCaprio als *fünf* T-Shirts ohne einen derartigen Schmuck ... (noch besser wäre natürlich ein hochwertiges T-Shirt ohne Leonardo, das dann fünfmal so lange hält).

Brot und Spiele

„Brot“ – den materiellen Aspekt unseres Lebens – haben wir zur Genüge, ja wir ersticken geradezu an unserem Überfluß. Das Dilemma der steigenden Produktivität können wir – ohne die Umwelt zu ruinieren – nur durch mehr „Spiele“ lösen.

Schwarz-Weiß-Malerei ist oft irreführend. Und so gibt es auch „Spiele“ mit unterschiedlichen Auswirkungen auf die ökologische Nachhaltigkeit. Ein Computerspiel auf einer CD-ROM ist fast pure Dienstleistung. Allerdings: Wenn man den PC eigens für Spiele kauft, ist das schon ein gehöriger schwarzer Punkt auf der persönlichen Ökobilanz!

Ein Formel-1-Rennen hingegen verursacht nicht nur ungeheuer viel zusätzliches Verkehrsaufkommen (das tut die Arena in Verona auch), sondern trägt auch sein Scherflein zum Autokult bei – und vielleicht auch dazu, daß „stärkere“ Autos mit mehr Benzinverbrauch gekauft werden und daß unnötig schnell und viel gefahren wird (letzteres gilt natürlich auch für ein Autorennen am PC).

Freizeit wird in unserer Gesellschaft immer mehr und immer wichtiger, und die Ausgaben für Freizeitvergnügen steigen rasant an. Multiplex-Kinocenter sowie diverse Erlebnisparks (inklusive der sagenhaften Stronach-Kugel) werden geplant und zum Teil errichtet. Wie ist dieser Trend aus dem Aspekt der ökologischen Nachhaltigkeit zu bewerten?[15]

Derartige Einrichtungen haben grundsätzlich einen äußerst hohen Dienstleistungsanteil; sogar die größte Kugel, dividiert durch die Millionen erwarteter Besucher, wird in Hinblick auf die Ökobilanz harmlos. Der einzige Pferdefuß liegt im zusätzlichen Verkehrsaufkommen, wenn der überwiegende Anteil der Besucher den eigenen Pkw benützt. Daraus kann eine Faustformel für die „Zukunftsverträglichkeit“ eines solchen Vergnügungsparks gewonnen werden: die Relation der Eintrittspreise zu den Benzinkosten für die durchschnittliche Anreise.[16]

Ein Beispiel: Ein Vergnügungspark verlangt 300 Schilling Eintritt für Erwachsene und 150 für Kinder; durchschnittliche Besucherzahl pro Auto: 1,6 Erwachsene und 1,2 Kinder. Durchschnittliche Anfahrtsstrekke (hin und zurück) 80 km, Benzinpreis rund 1 Schilling pro km. Somit Eintrittspreise pro Auto: (1,6 x 300) + (1,2 x 150) = 660; Fahrtkosten pro Auto: 80 x 1 = 80. Hier werden nur rund 10% für ökologisch Bedenkliches ausgegeben.

Anders liegt es, wenn das Vergnügen relativ billig ist. Fährt man von Wien zum Baden an den Neusiedler See, so gibt man oft mehr für Benzin aus als für den Eintritt ins Seebad. Der Umweltschaden pro ausgegebenem Tausender ist daher hier wesentlich höher.

Auch hier gilt anscheinend „gut statt viel“. Gleiche Anfahrwege vorausgesetzt, sind billige Unterhaltungen offensichtlich ökologisch gefährlicher.

Kann das denn wahr sein?

Sträubt sich nicht alles in Ihnen gegen diese Schlußfolgerung? Kann ein hochtechnisierter Vergnügungspark wirklich „nachhaltiger" sein als ein Freibad? Offensichtlich haben wir in unseren Überlegungen etwas übersehen ...

Tatsächlich: Ganz am Anfang haben wir erklärt, wir würden uns nicht nur um den „Umweltraum-Verbrauch" unserer Aktivitäten kümmern (CO_2-Emission und Bodenbeanspruchung), sondern auch um ökologische/soziale „Zusatzaspekte". Das Stichwort lautet hier „Entfremdung". Gehen wir der Frage anhand einiger Beispiele nach.

- Schwimmbad oder Vergnügungspark? Bewegung an der frischen Luft, Freude am eigenen Körper, sinnliches Wahrnehmen der Freuden der Natur – ist das nicht ein Beitrag zur Zufriedenheit mit sich selbst und seiner Umgebung? Die Folge: weniger Drang nach Konsumgütern und hektischer Überaktivität. Der Kreislauf Überkonsum–Überarbeit–Sinnverlust (siehe das Diagramm auf Seite 23) wird gebremst.

  Ganz anders ein Vergnügungspark, wo Menschen zu Bestandteilen einer Freizeitmaschine werden: Sie können sich nur auf vordefinierte Arten unterhalten, durchlaufen vorgeplante Erlebnispfade und haben vorkalkulierte Empfindungen. Naturerfahrungen und soziale Interaktionen kommen kaum vor, für Kreativität und Unvorhersehbares ist kein Raum gelassen. Und überdies beschleunigt die Verknüpfung von „Fun" (als kurzfristiges Rezept gegen Sinnverlust) mit relativ hohen Kosten den oben angeführten Kreislauf: Wer oft Sinnersatz in derartigen Vergnügungen sucht, muß noch mehr arbeiten, um das dafür nötige Geld zu verdienen, und findet noch weniger zu sich selbst.
- Werbung: Ihr Dienstleistungsanteil mag zwar sehr hoch liegen, dennoch ist sie nicht unproblematisch, weil sie zur Entfremdung beiträgt. Tägliche, ja fast stündliche Beeinflussung mittels subtilster Methoden zwingt uns dazu, uns seelische Panzer zuzulegen (man weiß ja, wie Kinder, die noch „ungepanzert" sind, mit offenem Mund den Phantasiewelten der Werbung verfallen). Und diese un-

bewußte Panzerung sollen wir gegenüber der bzw. dem Liebsten vollständig ablegen können?

- Geschichtenvorleser als Beruf? Viele Eltern lesen ihren Kindern abends eine Geschichte vor oder erzählen ein Märchen. Würde man den Beruf des Geschichtenvorlesers schaffen, der abends von Haus zu Haus geht, könnte eine Menge von Teilzeitarbeitsplätzen geschaffen werden – der emotionale Bezug zwischen Eltern und Kindern würde aber leiden.
- Kindertausch schafft Arbeitsplätze: Zwei nicht berufstätige Mütter schaffen zwei Dienstleistungsarbeitsplätze, indem sie täglich wechselseitig ihre Kinder gegen Honorar betreuen.

An diesen Gedankenspielen zeigt sich, daß auch der Bedarf an Dienstleistungen nicht beliebig vermehrbar ist bzw. daß übermäßige bezahlte Inanspruchnahme von anderen Menschen für die eigenen Bedürfnisse zu einem unbefriedigenden Zustand führt. Ein derart entfremdeter Lebensstil bewirkt nicht selten Egoismus sowie Gleichgültigkeit gegenüber den Bedürfnissen anderer Menschen und der Umwelt. Was folgt, ist häufig Konsumrausch, um die innere Leere zu überdecken.

Ein Ausweg: Der Nega-Schilling

Es zeigt sich eine erstaunliche Parallele zwischen den Bereichen Energie und Arbeit. Bekanntlich hat jede Form der Energieerzeugung Auswirkungen auf die Umwelt (am wenigsten die „erneuerbaren Energien“, obwohl hier der Bodenbedarf und die in den Solarzellen, Windrädern etc. steckende „graue Energie“ nicht übersehen werden dürfen). Die umweltfreundlichste Energieform sind die „Nega-Watt“ (statt Mega-Watt): die Einsparung von Energie durch verbesserte Wärmedämmung, Energiesparlampen etc.

Analog ist die umweltfreundlichste Art, sein Geld auszugeben, der „Nega-Schilling“[17]: Jeder Tausender, den ich ausgebe, hat Auswirkungen auf die Umwelt (je höher der Dienstleistungsanteil, desto geringere Auswirkungen[18]). Jeden derartigen Tausender muß ich aber vorher erst verdienen (oder erben, geschenkt bekommen etc.) – und auch das geht nicht ohne Energie- und Materialverbrauch ab. Wenn ich nun um einen Tausender im Monat meine eigene Dienstleistung kaufe – also um 1.000 Schilling weniger verdiene und entsprechend weniger arbeite –, haben diese „Nega-Schillinge" keinerlei Auswirkungen.

Es stimmt zwar der Einwand, daß ich bei Reduktion meiner Ausgaben um, sagen wir, ein Zehntel einen Zehntel-Arbeitsplatz vernichte, dafür mache ich aber durch eigene Minderarbeit wieder einen Zehntel-Arbeitsplatz frei.

Wohlgemerkt – hier geht es nicht um Verzicht. Ebenso, wie Sie in einem wärmegedämmten Haus denselben Nutzen (dieselbe Raumwärme) mit weniger Energie erreichen können, können Sie durch Nega-Schillinge mit weniger Arbeit ein gleich großes – oder sogar höheres – Maß an Zufriedenheit und Deckung der Bedürfnisse erreichen. Die wenigen Konsumartikel und Dienstleistungen, die Sie sich dann nicht mehr leisten können, haben Sie dann nämlich gar nicht mehr nötig: Sie haben mehr Zeit für Ihre Familie, Ihre Freunde und für sich selbst, und vieles kommt auf viel angenehmere Weise zustande ... Hoffentlich haben Sie einen Job, in dem Sie Ihre Arbeitszeit (und somit Ihr Einkommen) Ihren Bedürfnissen entsprechend graduell verändern können – aber zumindest auf Überstunden können Sie hoffentlich verzichten![19]

Nun können wir auch den Widerspruch von vorhin aufklären: Angenommen, der Besuch im Vergnügungspark kostet für Ihre Familie (inklusive Fahrt) 1.000 Schilling, der im Freibad am Neusiedler See 250 Schilling. Wenn Sie nun einen Tausender hernehmen und damit viermal an den Neusiedler See düsen, ist das tatsächlich schlimmer als einmal ins Vergnügungszentrum. Aber die Alternative lautet ja: Einmal an den Neusiedler See – und den Rest als „Nega-Schillinge" verjuxen! Das heißt: Sich selbst (zusätzlich zur Freizeit-Entfremdung) etliche Überstunden ersparen und der Umwelt vielleicht einige Produkte weniger aufbürden, die Sie in diesen Stunden hergestellt hätten.[20]

Von der Nachbarschaftshilfe zum Tauschkreis

Spielen wir den Gedanken doch einmal durch: Sie arbeiten etwas weniger in Ihrem bezahlten Job – so sind Sie täglich vielleicht eine Stunde früher daheim. Wenn Sie einen Garten haben, finden Sie jetzt vielleicht Zeit, Gemüse anzubauen – auch wenn der Kilopreis der selbst geernteten Paradeiser (auf Ihren üblichen Stundenlohn umgerechnet) immens wäre, wissen Sie zumindest genau, was Sie essen. Oder Sie kommen endlich dazu, einige Dinge in Haus und Garten zu reparieren – wenn Sie das wackelige Bein am Küchentisch befestigen, ersparen Sie sich, demnächst einen neuen kaufen zu müssen.

Vielleicht investieren Sie die gewonnene Stunde auch in eine langsamere Fahrt zur und von der Arbeit – in öffentlichen Verkehrsmitteln: Statt im Morgenstau zu fluchen und einen Parkplatz zu suchen, können Sie entspannt die Morgenzeitung lesen. Auch hier sparen Sie nicht nur Nerven, sondern auch Geld.

Das Ausmaß der Eigentätigkeiten, die Sie leisten können, ist jedoch durch Ihre Fähigkeiten begrenzt. Sind Sie nicht gerade ein Universalgenie, sind mehr als 10 bis 20% kaum realistisch. Hier liegt die Idee des nachbarlichen Austausches nahe. Sie bringen den abgestürzten PC Ihrer Nachbarin unentgeltlich wieder in Gang, sie wiederum gibt bei anderer Gelegenheit Ihrer Tochter unentgeltlich Latein-Nachhilfestunden. Sie putzen Ihrem Nachbarn die Fenster, und er hilft Ihnen bei Ihrer Steuererklärung.

Auch das ist „Arbeit“ – durch den persönlichen Bezug zum Empfänger der Dienstleistung sowie durch die freie Verfügungsgewalt und Zeiteinteilung aber vielleicht befriedigender als zusätzliche Bürostunden. Menschliche Kontakte werden vertieft, und durch Gespräche erweitert sich der Horizont.

Das Problem: Nur selten wird Ihr Nachbar Ihnen eine gleichwertige Dienstleistung zum gleichen Zeitpunkt anbieten können. Entweder Sie nehmen das locker – unter dem Motto „Irgendwann gleicht es sich schon aus“ –, oder Sie versuchen diesen Tauschhandel zu institutionalisieren. Schon vor einigen tausend Jahren hat man dafür als praktisches Mittel das Geld erfunden. Seit einigen Jahrzehnten gibt es ähnliche Hilfsmittel für Tauschkreise – mit verschiedenem Namen, beispielsweise „Talente" (z.B.: 1 Arbeitsstunde = 100 Talente).[21]

Sind einige hundert Menschen in einem derartigen Tauschkreis vernetzt, bietet jeder seine Dienstleistungen an. Wer etwas für einen anderen tut, bekommt dafür auf einem zentralen Konto eine gewisse Anzahl Talente gutgeschrieben, dem Empfänger der Dienstleistung werden sie abgebucht. Die durch Arbeit im System erhaltenen Talente können nun bei einem Dritten gegen beliebige Dienstleistungen eingelöst werden.

Die Vorteile gegenüber dem Geldsystem liegen auf der Hand: Da es sich quasi um „Spielgeld" handelt, gelten die Beteiligten nicht als Pfuscher; in der kleinen Gruppe bleibt der persönliche Bezug erhalten, und die im Tauschkreis zirkulierenden Talente werden von der Gruppe selbst und nicht von anonymen Banken verwaltet. Bei den meisten Tauschkreisen tritt auch ein sozial ausgleichender Effekt ein: Da jede geleistete Stunde mit gleich vielen Talenten bewertet wird, ist Fensterputzen nicht eine „minderwertigere" Tätigkeit als Computerreparieren (wenn auch manchmal verschieden angenehm).

Allerdings gibt es auch Probleme. Die zentrale Talente-Kontoführung ist ebenfalls eine Dienstleistung, die durch eine Art (sehr niedriger) „Steuern auf Talente" von den anderen Teilnehmern kompensiert werden muß. In einigen Tauschkreisen wurden bereits Wechselkurse zwischen Schilling und Talent festgelegt, die dieses System ad absurdum führen.

Am schwerwiegendsten scheint jedoch das ethische Problem der Steuervermeidung. Wenn gut die Hälfte unserer Job-Einkünfte in Steuern und Sozialversicherung fließt, so erhalten wir dafür ja etwas: Schulen, Krankenhäuser, eine Pension. Wer neben einem Teilzeitjob einen Großteil seiner Arbeitszeit im Tauschkreis investiert und dafür kaum oder gar nicht Steuern zahlt, kann aber trotzdem in gleicher Weise die Dienste der Gemeinschaft in Anspruch nehmen, wenn er sozialversichert ist.

Denken wir das System weiter: Ganz Österreich als ein Tauschkreis! Ganz Österreich? Nein! Welche Gegenleistung könnten denn Schwerbehinderte, alte Menschen oder chronisch Kranke erbringen? Keine – und somit hätten sie keine Ansprüche auf Dienstleistungen anderer ... Das System besticht nur deshalb durch seine Schlankheit und Eleganz, weil die Existenz großer nicht leistungsfähiger Schichten der Bevölkerung ausgeblendet wird.

„Nachhaltig“ und sozial gerecht können Tauschkreise demnach nur sein, wenn entweder auf Talente Steuern eingehoben werden oder ein der Steuerquote vergleichbarer Anteil (mindestens ein Drittel der Zeit!) als Zeitsteuer für gemeinnützige Zwecke („Sozial-Talente“) aufgewendet wird: Wenn ich meinem Nachbarn drei Stunden lang die Fenster putze, dürften mir nur 200 Talente gutgeschrieben werden, während ihm 300 Talente abgebucht werden. Der gesamte Tauschkreis würde somit ein ständig wachsendes Talentedefizit anhäufen; dieses kann durch soziale Tätigkeiten für Menschen außerhalb des Tauschkreises ausgeglichen werden. Wenn z.B. fünf Leute je sechs Stunden lang einen Dritte-Welt-Stand in der Fußgängerzone organisieren und betreuen oder einsame alte Menschen im Altersheim besuchen, würden jedem von ihnen 400 Sozial-Talente[22] gutgeschrieben, die bei niemandem abgebucht werden; das Talentedefizit des Tauschkreises würde um 2.000 Talente verringert.

Welche Aktivitäten nun als „Sozial-Talente-würdig“ anerkannt werden, müßte die Generalversammlung oder der Vorstand des Tauschkreises ständig diskutieren und entscheiden; in jedem Fall müßte eine moralische Selbstverpflichtung zum regelmäßigen Ausgleich des Talentedefizits bestehen. Ein derartig strukturierter Tauschkreis hätte zusätzlich zu den bereits genannten Vorteilen noch den, daß die Gruppe – im Gegensatz zur staatlichen Steuer – eigenverantwortlich über die Nutzung der „Sozial-Talente“ entscheiden und somit individuelle Schwerpunkte setzen kann, die der Staat nicht ausreichend wahrnimmt (etwa im Ausländerbereich).[23]

Zurück zu Herrn Meier

Erinnern Sie sich noch an den Anfang dieses Kapitels? Wir haben darüber gelästert, daß „Herr Meier“ im Konsumrausch schwelgt und unnötig viel kauft und wegwirft. Mittlerweile haben wir gesehen, daß die Sache gar nicht so einfach ist.

Natürlich erfordert eine nachhaltige Entwicklung andere Konsumgewohnheiten. Aber einfach „Askese“ und Verzicht zu verordnen, greift zu kurz (und kommt auch nicht an). Dennoch sind uns einige Grundprinzipien klar geworden: Geld eher für Dienstleistungen als für Produkte ausgeben und eher eigene Dienstleistungen als fremde kaufen (Rückkauf der eigenen Lebenszeit mit Nega-Schillingen als Mittel gegen Entfremdung).

Das bedeutet konkret:

- „Gut statt viel“: hochwertige Produkte bevorzugen, die (bei etwa gleichem Materialeinsatz) mit mehr (Hand-)Arbeitsaufwand hergestellt wurden; die zwar teurer sind, dafür aber entsprechend länger halten.
- „Nutzen statt besitzen“: selten benötigte Dinge gemeinsam mit anderen Menschen erwerben – (eigene) Organisationszeit „kaufen“ anstelle weiterer Produkte.
- „Bewahren statt wegwerfen“: die Lebensdauer der Produkte durch Reparaturen und Weiterverkauf (beides dienstleistungsintensiv) steigern.

Die Patina der Dinge

Was ist das älteste Objekt, das Sie besitzen? Vielleicht eine kleine Statue, ein Schmuckstück oder ein von der Großmutter geerbtes Stockerl? Stellen Sie es vor sich hin. Betrachten Sie es von allen Seiten, berühren Sie es sorgfältig – lassen Sie Ihrer Phantasie freien Lauf. Was hat dieses Ding schon „erlebt“ und „gesehen“? Bemerken Sie Spuren seiner Geschichte – Kratzer, Flecken?

Und nun stellen Sie sich ein komplett gleichartiges Objekt vor, das gestern am Fließband erzeugt und heute von Ihnen im Supermarkt gekauft wurde. Stellen Sie diese beiden Dinge im Geist nebeneinander. Was empfinden Sie?

Die „Gäste aus dem Gestern“, die Sie bei sich beherbergen dürfen – sie können eigenartige Gefühle auslösen. Sie wären sicherlich ärmer, wenn sie alle plötzlich weg wären. Werden Sie sich doch dessen bewußt ...

Wenn Sie durch eine mittelalterliche Stadt oder ein römisches Ruinenfeld schlendern, spüren Sie vielleicht, wie die Steine „Geschichte atmen". Auch Sie werden (hoffentlich) einmal alt. Wäre es nicht schön, wenn Sie dann auch Ihre eigenen Falten, Narben und Wehwehchen als Spuren Ihrer eigenen Geschichte respektieren könnten?

Alt, aber gut

„Es gibt sie noch, die guten Dinge" – unter diesem Schlagwort stellt ein deutsches Versandhaus[24] eine Palette qualitativ hochwertiger Produkte vor: Nichts ist aus Kunststoff hergestellt oder aus Billiglohnländern importiert, und meist besteht die Möglichkeit, Zusatz- und Ersatzteile lange Zeit nachzubestellen. Alle „guten Dinge" haben eines gemeinsam: Sie kosten ein Vielfaches ihrer Geschwister aus dem Kaufhaus (etwa: eine mechanische Badezimmerwaage um 5.100 Schilling, ein Metall-Bleistiftspitzer um 120 Schilling, ein Satz handgesägter Zelluloidkämme um 185 Schilling), und sie überleben sie um das Mehrfache. Natürlich gibt es solche „Edelstücke" nicht nur im Katalog, sondern in unzähligen Läden – meist abseits der Haupt-Kundenströme – zu erwerben.

Graue Energie

In jedem Rohstoff steckt die zu seiner Herstellung nötige „graue" Energie. Wir produzieren (jeweils pro kg der hergestellten Substanz) etwa bei Zement 0,24 kg CO_2, bei Gußeisen 0,83 kg, bei Alu-Blech 10 kg und bei Titan 47 kg (zur Erinnerung – unser Tagespensum beträgt etwa 5 kg CO_2).

Die Auswirkungen eines Produkts auf unsere CO_2-Bilanz erhält man durch Division der grauen Energie durch die Nutzungsdauer. Ein 20 dag schwerer Gußeisenlocher, der 50 Jahre seinen Dienst tut, „produziert" also knapp ein Zehntelgramm CO_2 pro Tag, die 10 bis 12 g schwere Aludose, die ich in einem Zug leere, schlägt jedoch – ohne Inhalt und Transport – mit rund 100 Gramm CO_2 (und somit rund 2% meines Tagespensums) zu Buch.

Der Metall-Locher, den ich verwende, ist rund 50 Jahre alt – ich habe ihn von meinem Großvater geerbt. Er hat wohl mehr gekostet als einer der heute üblichen Kunststofflocher – aber eines Tages wird ihn wohl eines meiner Kinder verwenden. Und dieser Gedanke schwingt mit, jedesmal, wenn ich ihn in die Hand nehme ...

Ob sich eine Investition in dauerhafte Güter rein rechnerisch lohnt, ist leider nicht immer festzustellen. Wenn ich eine Waschmaschine um 15.000 statt um 5.000 Schilling kaufe, kann sie nach drei Jahren genauso irreparabel kaputt sein wie die billigere. Der „gute Ruf" einer Marke schützt nicht vor einem gelegentlichen Reinfall. Der Ausweg: Firmen, die von der Haltbarkeit ihrer Produkte überzeugt sind, müßten freiwillig eine längere Garantie – etwa zehn Jahre – anbieten, und kritische Kunden müßten eine solche verlangen.

Ein weiteres Problem ist der technische Fortschritt. Vielleicht werde ich in zehn Jahren eine Waschmaschine oder eine Stereoanlage von heute gar nicht verwenden wollen? Wer weiß, was bis dahin noch alles erfunden wird – und was ich vielleicht gerne haben werde! Darauf gibt es leider keine zufriedenstellende Antwort – außer vielleicht den zarten Hinweis, daß manches, was auf den Markt kommt, vom Kunden nicht wirklich benötigt wird (man denke an die jährlich wechselnden Versionen der Computerprogramme). Und mehr als gewaschen kann die Wäsche nicht werden ...

„Second Hand" – Partisanen gegen die Wegwerfgesellschaft

Wird eine Sache nicht weggeworfen, sondern verkauft und von anderen Menschen nochmals benutzt, so werden Rohstoffe und Energie sowie Abfall reduziert; anstatt Geld für die Herstellung eines neuen Produkts zu investieren, wird die Dienstleistung des Zwischenhandels gefördert, und sowohl Käufer als auch Verkäufer haben einen finanziellen Vorteil (der dann zu einem ökologischen/sozialen Vorteil wird, wenn er weitgehend in fremde Dienstleistungen und Wenigerarbeit umgesetzt wird).

Flohmärkte, aber auch Zeitschriften, in denen kostenlos inseriert werden kann (wie „Bazar“ und „Fundgrube“), erfüllen hier äußerst wichtige Funktionen. Seien Sie sich nicht zu gut dafür! Überlegen Sie bei allem, was Sie wegwerfen wollen, ob es nicht jemand anderer noch gerne hätte – und bei allem, was Sie kaufen wollen, ob es ein gebrauchtes Stück nicht auch tun würde.

Zahlt sich Reparieren aus?

Eigentlich meist nicht. Stundensätze von Fachkräften in astronomischer Höhe – bei Elektrogeräten 400 bis 500 Schilling, bei Computern bis über 1.000 Schilling – machen Reparaturen zu Lotteriespielen. Die Kosten sind das einzig Sichere; daß das Gerät dann wirklich ordentlich funktioniert, kann man nur hoffen. Wenn man z.B. eine Billig-Stereoanlage um 2.000 Schilling besitzt, kann die Reparatur fast so teuer kommen wie ein neues Gerät (mit neuer Garantiezeit!) – also ab auf den Müll mit dem alten Krempel!

Aus dieser nicht-nachhaltigen Situation gibt es mehrere Auswege: Am besten ist es, Sie können Ihr Gerät selbst reparieren und zahlen sich diesen Stundenlohn fiktiv selbst aus. Oder Sie kennen jemanden – im Freundeskreis oder in einem Tauschkreis –, der das kann. Letztlich gibt es auch Ansätze für sozialökonomische Projekte, bei denen Langzeitarbeitslose mit öffentlicher Förderung auf diese Aufgabe hin ausgebildet werden – was nichts anderes bedeutet, als daß der Staat aus ökologi-

> Mit der Eröffnung des Reparatur- und Servicezentrums RUSZ wurde in Wien ein Schritt in Richtung „Reparaturgesellschaft“ gesetzt. Jährlich landen bundesweit ca. 80.000 Tonnen Elektrogeräte unbehandelt und ungenutzt im Müll. Im RUSZ werden mit zwölf qualifizierten Langzeitarbeitslosen und drei Schlüsselkräften alte Geräte instandgesetzt und so die Produktnutzungsdauer verlängert. Das Projekt läuft seit März 1998.
>
> RUSZ, Schanzstr. 20-22, A-1150 Wien, Tel. (0043/1) 982 1647,
> Fax (00043/1) 982 1648

schen/sozialen Gründen einen beträchtlichen Teil der Reparaturkosten übernimmt.

Mittelfristig wird es wohl nötig sein, durch gesetzliche Bestimmungen auf eine große Reparaturfreundlichkeit der Geräte zu bestehen: Leichte Zugänglichkeit, einfache Diagnose und vereinheitlichte Ersatzteile könnten Reparaturen wesentlich billiger machen. Aber daran hat nicht jeder Interesse. Ich habe noch das schmunzelnde Bedauern meines Installateurs vor Augen, als ein Drehknopf von meinem – zwar alten, aber tadellos funktionierenden – Gasherd gebrochen war und er mir erklärte, daß es dafür keinen Ersatzteil mehr gäbe: Ich müßte leider einen neuen Herd kaufen ...

Vom „Das ist meins"-Alter zum gemeinschaftsfähigen Erwachsenen

Italienische Adria; eine Campinganlage, ein großer Swimmingpool. Etwa hundert Liegen für etwa hundertfünfzig Campinggäste. An Ihrem ersten Urlaubstag kommen Sie nach dem Frühstück an den Pool und müssen feststellen, daß Sie keine freie Liege mehr finden. Von den hundert Liegen sind etwa neunzig mit einem Handtuch belegt und somit „reserviert" – die „Besitzer" sind gerade schwimmen, einkaufen oder Tennis spielen. Ein Tag ohne Liege am Pool ist recht unangenehm ...

Sie stehen daher am nächsten Morgen etwas früher auf, gehen vor dem Frühstück zum Pool und legen dort auf eine freie Liege Ihr Handtuch. Danach gehen Sie zum Zelt zurück und frühstücken in aller Ruhe. Sie wissen, daß Ihnen „Ihre" Liege niemand wegnehmen kann. Allerdings: Die, die heute zu kurz kommen, stehen morgen noch eine Viertelstunde früher auf; würde nicht jeder nach zwei oder drei Wochen wieder abreisen, könnte die Situation so eskalieren, daß sich alle Campinggäste bereits im ersten Morgengrauen vom Wecker wecken lassen, um nur ja eine Liege zu ergattern ...

Für diese unerfreuliche Situation gibt es zwei Problemlösungsstrategien: entweder schafft der Campingplatzbetreiber weitere fünfzig Liegen an, oder es kommt zu einer „Abrüstung des Besitzens": Nach Übereinkunft verzichten alle auf das symbolische Handtuch, und nun hat jeder immer dann, wenn er sie braucht, eine freie Liege zur Verfügung!

In vielen Fällen stehen wir vor der Wahl, entweder mehr Dinge zu produzieren oder durch Verzicht auf ein „symbolisches Handtuch" mit den vorhandenen Dingen bequem auszukommen. Leider entscheiden wir uns in der Praxis meist für den „konservativen" Weg – nämlich schlicht und einfach „immer mehr vom gleichen" –, statt mit sozialer Phantasie zu kreativen Lösungen zu kommen.

Kein Wunder – bereits den kleinen Kindern in der Sandkiste prägt man ein, nur mit dem „eigenen" Schauferl und Küberl zu spielen. Schon hier könnten die Jüngsten lernen, daß es sich viel besser spielt, wenn jeder Zugang zu allen mitgebrachten Dingen hat. Natürlich kommt es auch gelegentlich zu Konflikten – zwei wollen zur selben Zeit dasselbe Schauferl. Hier könnten Eltern helfen, soziale Prozesse (Verhandlungen und Kompromisse) in Gang zu bringen, statt auf das „Handtuch" des formalen Eigentums zu bestehen.

Nutzen statt besitzen

Wie hoch ist eigentlich der Nutzungsgrad der Dinge, die Sie besitzen? Beginnen wir beim wohl kostspieligsten „Ding" – dem Auto. Eine Jahresfahrleistung von 20.000 Kilometern entspricht bei einer Durchschnittsgeschwindigkeit von 50 km/h einer Nutzung von 400 Stunden im Jahr – im Schnitt täglich nur eine Stunde. Trotzdem ist hier ein Teilen mit anderen Menschen schwer möglich, da sich das Auto ja immer an anderen Orten befindet.[25]

Einfacher ist das z.B. beim Rasenmäher. Wenn Sie einen Garten haben, werden sie wohl alle paar Wochen einmal den Rasen mähen – also vielleicht zehnmal jährlich. Dafür brauchen Sie (je nach Größe des Rasens) vielleicht eine Stunde. Von 8.760 Stunden im Jahr ist der Rasenmäher also 10 Stunden in Betrieb – Nutzungsgrad rund ein Zehntelprozent. Was spricht eigentlich dagegen, sich mit einigen Nachbarn abzusprechen und gemeinsam einen (vielleicht dafür etwas komfortableren und haltbareren) Rasenmäher anzuschaffen?

Vieles. Ihr Nachbar ist vielleicht penibler als Sie und erwartet den Rasenmäher besser gesäubert, als Sie es üblicherweise tun – oder er ist weniger penibel, und *Sie* ärgern sich. Wenn das gute Stück kaputtgeht, könnte Unfrieden entstehen: War es Fahrlässigkeit oder natürliche Abnützung? Zahlt jeder denselben Teil der Reparatur, auch wenn der eine 300 und der andere 1.000 Quadratmeter Garten hat? Wie wird der Treibstoff abgerechnet? Und schließlich – Zehntelprozent hin oder her – kann es ja vorkommen, daß Sie gerade mähen wollen, und jemand anderer benützt das Gerät gerade. Wenn man das alles bedenkt – ist es da nicht besser, ein paar tausend Schilling hinzulegen, und der Rasenmäher gehört Ihnen?

Das kommt darauf an. Geteiltes Eigentum erfordert soziale Prozesse. Das ist anstrengend, aber auch lohnend; es schafft Nähe und kann wie ein Spiel betrachtet werden.

Ein Szenario: Alle 14 Tage trifft sich am Dienstagabend das „Rasenmäherkollektiv“. Bei einem Glas Bier werden Zeiteinteilungen geplant, allfällige Probleme diskutiert und Entscheidungen getroffen – und nach fünf Minuten redet man gar nicht mehr über den Rasenmäher, sondern über Gott und die Welt. Der konkrete Anlaß der Runde – der Rasenmä-

Pendlerpool gegen Staus am Arbeitsweg

Seit Anfang 1998 vermittelt der ÖAMTC Fahrgemeinschaften für Pendler. Ausgangspunkt war die Überlegung, daß derzeit täglich rund 70.000 Menschen in 60.000 Autos zur Arbeit nach Wien pendeln – in den meisten Autos sitzt also nur eine Person. Das Service wird zögernd angenommen; Anfang 1999 beteiligten sich erst 75 Personen. Immerhin konnten dadurch täglich ca. 2.000 Autokilometer (somit 200 bis 300 kg CO_2) eingespart werden.

Der ÖAMTC bietet übrigens mit EASYDRIVE auch eine gemeinschaftliche Autonutzung (Car Sharing) an. Mitglieder benützen das Auto nur dann, wenn sie es brauchen, sparen bei Anschaffungs- und Fixkosten und haben trotzdem das Fahrzeug, das sie gerade benötigen: vom Kleinwagen über einen Kombi bis hin zum Kleinbus.

Auskünfte: ÖAMTC, Tel. (0043/1) 711 99, http://www.mobilitaet.oeamtc.at

her – ist ein Kristallisationskern für eine Gruppe: wie ein Staubkörnchen, um das sich ein Schneekristall bilden kann. Und vielleicht organisiert das „Kollektiv“ einmal ein Gartenfest – oder erweitert den Bestand an Gemeinschaftseigentum um einen Shredder oder weitere Gartengeräte?

Natürlich: Würden Sie die Zeit, die Sie bei „Kollektiv-Sitzungen“ verbringen, für Überstunden oder Pfuschen verwenden, könnten Sie sich leicht einen eigenen Rasenmäher leisten. Sie haben die Wahl: Kaufen Sie ein Ding – oder Ihre eigene Zeit, die Sie für soziale Prozesse verwenden können?[26]

Soziale Fallen – am Beispiel öffentlicher Verkehr

„Privatisierung“ erfordert Überkapazitäten. Sei es nun die „Privatisierung“ der Altersvorsorge in der Dritten Welt (die eine hohe Kinderzahl erfordert), sei es die Privatisierung des Liegestuhls oder – ein drastisches Beispiel – die Privatisierung des Verkehrs.

Das Fatale daran: Als einzelner kann man dieser „sozialen Falle“ nicht entkommen. Wer sich als einziger auf ein nicht funktionierendes Vorsorgesystem, die ständige Verfügbarkeit eines Liegestuhls oder ein katastrophales öffentliches Verkehrsnetz verläßt, trägt zwar nach seinen Kräften zur Verbesserung der Situation für die Gesamtheit bei, zahlt dabei aber gehörig drauf.

Und zum Schaden kommt noch der Spott: Wie oft haben nicht Umweltaktivisten, die sich gegen weitere Straßenbauten einsetzen, schon den höhnischen Vorschlag gehört, sie mögen doch selbst einmal auf ihr Auto verzichten?

Tatsache ist: Auf der Süd- oder Westautobahn (um nur zwei Beispiele zu nennen) fahren einige zehntausend Autos pro Tag – mit meist nur einem Insassen. Das heißt: Wenn ein Bus mit durchschnittlich 30 Personen besetzt ist, könnten auf einer von 20.000 Autos pro Tag befahrenen Straße über 1.000 Busse pro Tag fahren – also im Schnitt etwa alle vier

Photovoltaik und Marktwirtschaft?

Eine ähnliche Problematik wie beim öffentlichen Verkehr liegt bei der Einführung von Photovoltaikanlagen in großem Stil vor. Derzeit ist Strom aus der Sonne noch viel teurer als „Strom aus der Steckdose“ – Grund dafür ist vor allem die kleine Stückzahl der Solarmodule. Daher werden Photovoltaikanlagen selten gekauft – der Kreis schließt sich.

Natürlich wäre auch ein anderer Kreis denkbar: Solaranlagen sind sehr billig, der Solarstrom ist sogar wirtschaftlicher als Strom aus dem Netz, und jeder baut sich eine Photovoltaikanlage aufs Dach. Durch diese große Nachfrage wird Photovoltaik noch billiger etc.

Den Übergang zwischen diesen beiden in sich logischen Wirkungskreisen kann der Markt nicht bewerkstelligen – denn dazu wäre es nötig, daß sich eine große Zahl von Menschen zumindest zeitweilig gegen ihr eigenes wirtschaftliches Interesse entscheidet, und genau das ist ja bei den „Spielregeln“ der Marktwirtschaft nicht vorgesehen. Die Motive dafür könnten nur im ideellen Bereich liegen; bei sechsstelligen Beträgen, die hier im Spiel sind, ist das jedoch nur für eine kleine Minderheit denkbar und kann somit kein „Kippen“ bewirken.

Wenn also die großflächige Einführung von Photovoltaikanlagen für ökologisch sinnvoll gehalten wird, muß der Staat für eine gewisse Übergangsperiode durch Förderungen diese Anlagen wirtschaftlich vorteilhafter machen als den Netzstrombezug (oder durch Ökosteuern alle anderen Energieformen entsprechend verteuern) – sobald das „Kippen“ erfolgt ist, kann dann wieder „der Markt“ auf dem Energiesektor voll zum Zug kommen. Ansätze zu derartigen Fördermaßnahmen gibt es bereits, sie sind aber leider zu zögerlich: Es nützt kaum etwas, wenn ein Viertel oder ein Drittel der Mehrkosten vergütet wird. Wirkungsvoll sind Förderungen erst dann, wenn sie erwünschtes Verhalten billiger machen als unerwünschtes!

Minuten einer (tagsüber vielleicht alle zwei Minuten, nachts alle zehn Minuten).

Würden nun so viele Busse fahren, dann wäre der Anreiz, auf das eigene Auto zu verzichten, sehr groß – und die Busse wären wirklich ausgelastet. Dementsprechend günstig könnte auch der Fahrpreis sein.

Umgekehrt die derzeitige Situation: Gibt es nur im Stundentakt eine (relativ teure) Verbindung, hat der Fahrgast

- das Problem, den Fahrplan zu erfragen (umständlich!), und
- das Risiko, den Bus (oder Zug) knapp zu versäumen (fast eine Stunde Wartezeit).

Unter diesen Umständen werden auch die wenigen Verbindungen nicht stark ausgelastet sein, was wieder ein Argument dafür liefert, „aus Ersparnisgründen" keine weiteren Busse bzw. Züge fahren zu lassen bzw. die vorhandenen noch einzuschränken.[27]

Hier stößt der einzelne an die Grenzen des Möglichen: Regelnde Eingriffe des Staates sind notwendig. Leider ist es in den letzten Jahren „modern" geworden, in allen Dingen auf den „Markt" zu vertrauen. Nun kann der Markt zwar ein vorhandenes System durch Evolution (schrittweise Behebung von Schwachstellen) optimieren, er kann aber nicht den Übergang von einem System auf ein – gänzlich anderes – System bewerkstelligen, das, auch wenn es im Endeffekt besser ist, im Übergang hohe Kosten verursacht. In Kapitel 7 werden wir daher überlegen, wie wir als einzelne zu gesamtgesellschaftlichen Umorientierungen beitragen können.

Anmerkungen

1 Dieser Zeitpunkt liegt bei verschiedenen Produkten verschieden lange zurück, was für unsere grundsätzlichen Überlegungen aber nicht ins Gewicht fällt.

2 In dem Buch „Die Globalisierungsfalle" (Hans-Peter Martin/Harald Schumann; Reinbek bei Hamburg 1997) wird hierfür der Ausdruck „20:80-Gesellschaft" geprägt.

3 Für unsere Überlegungen spielt es kaum eine Rolle, ob jetzt Autos oder gleich Autofabriken exportiert werden.

4 Der Haken: Die meisten Paare können sich, da die Männer im Schnitt deutlich mehr verdienen als die Frauen, die „Väterkarenz" nicht leisten. Hier müßte man mit einer Neufestlegung der Höhe des Karenzgeldes ansetzen.

5 Hier gibt es von der Katholischen Sozialakademie, den Grünen und dem Liberalen Forum verschiedene Modelle, die sich in Details unterscheiden, aber in der Grundaussage übereinstimmen.

6 Bei dieser Rechnung muß man auch die volkswirtschaftlichen Kosten berücksichtigen, die durch vermehrte Produktion anfallen (Umweltschäden etc.).

7 Von feministischer Seite wird allerdings zur Vorsicht gemahnt: Ohne begleitende Maßnahmen besteht die Gefahr, daß überproportional viele Frauen freiwillig aus dem Arbeitsprozeß ausscheiden (wobei die „Freiwilligkeit“ oft von den männlichen Partnern vorgegeben wird), da ihr Arbeitseinkommen im Schnitt geringer ist als das der Männer (es sich also weniger auszahlt, statt des Grundeinkommens bzw. zusätzlich zum Grundeinkommen zu arbeiten).

8 „Was passiert, wenn das alle machen?“ – diese Frage kommt immer wieder. Natürlich wäre das nicht finanzierbar – ebensowenig, wie wenn jeder eine kostspielige Herztransplantation benötigte oder eine Universitätsausbildung machte. In der Realität wird es sich um einen relativ kleinen Prozentsatz der Bevölkerung handeln – im Idealfall ebensoviele Menschen, wie jetzt schon arbeitslos sind; der Unterschied liegt in der Freiwilligkeit.

9 Der in Österreich vor kurzem verkündete „Solidaritätspakt“ geht in diese Richtung, ist allerdings zeitlich beschränkt; es wird davon ausgegangen, daß die staatlichen Zuschüsse für die Dienstnehmer, die weniger lang arbeiten, einen „gleitenden Übergang“ zu einem geringeren Einkommen ermöglichen sollen.

10 Unter diesem Gesichtspunkt muß das Leisten von Überstunden moralisch neu bewertet werden. Dort, wo sie nicht ausnahmsweise und kurzfristig, sondern regelmäßig anfallen, sollten sie eigentlich abgeschafft und statt dessen neue Dienstnehmer eingestellt werden. Wer sich seines Fleißes („60 Überstunden pro Monat“) rühmt, vernichtet eigentlich in seiner Gier einen anteiligen Arbeitsplatz (in diesem Beispiel: rund ein Drittel eines Arbeitsplatzes). Regelmäßige Überstunden sind asozial – es wird Zeit, daß dies auch in den Steuergesetzen Ausdruck findet.

11 Die EU-Osterweiterung ist ein erster wichtiger Schritt in diese Richtung; gleichzeitig muß jedoch die Forderung nach einer weltweiten Entschuldung der ärmsten Länder der Dritten Welt aufrechterhalten werden.

12 Natürlich muß auch z.B. dem Kinobesuch der anteilige „Umweltraum“ für die Errichtung des Kinos, die Herstellung und den Transport der Filme etc. zugerechnet werden, die wesentliche Wertschöpfung erfolgt jedoch im Dienstleistungssektor. Somit sind die verbrauchten Kilowattstunden (und somit die emittierten CO_2-Mengen) sowie die verwendeten Quadratmeter fruchtbaren Bodens pro ausgegebenen 1.000 Schilling hier – etwa im Vergleich mit dem Kauf eines Autos oder eines Billig-T-Shirts – ziemlich gering.

13 Natürlich sind auch hier Energiekosten hinzuzuzählen. Eine genaue Ökobilanz wäre interessant, wurde aber meines Wissens noch nirgends durchgeführt.

14 Bei der CD-Herstellung werden allerdings große Mengen hochgiftiger Chemikalien verwendet.

15 Dieser Frage ist das Forum Umweltbildung (http://www.umweltbildung.at) in der Nr. 2/98 der Zeitschrift „Umwelt & Bildung“ ausführlich nachgegangen.

16 Der durchschnittliche Autofahrer orientiert sein Verhalten nicht am tatsächlichen Kilometer-Preis, der durch das amtliche Kilometergeld von ca. 5 Schilling angegeben wird, und schon gar nicht an den weit höheren ökologischen/sozialen Kosten des gefahrenen Kilometers, sondern ausschließlich an den Benzinkosten.

17 Entspricht einer Arbeitszeitverkürzung bei anteiliger Kürzung des Bruttogehalts.

18 Leider gibt es hier keine systematischen Erhebungen, und so tappen wir bei der Frage, wieviel von unserem ausgegebenen Tausender in Dienstleistungen fließt, ein wenig im Dunkeln. So stecken im Friseurbesuch als klassischer „Dienstleistung" auch die Errichtungskosten des Friseurladens und die Herstellungskosten nicht nur der Einrichtungsgegenstände, sondern auch der diversen verwendeten Chemikalien. Im Kauf eines Autos (klassische „Güterproduktion") ist wiederum ein nicht unbeträchtlicher Anteil an Forschung, Entwicklung und Marketing enthalten.

19 Den Luxus, Nega-Schillinge auszugeben, können sich nicht alle leisten: Viele Menschen – vor allem kinderreiche Familien – leben auch in Österreich an der Armutsgrenze, sodaß fast alles für „Brot" ausgegeben werden muß und für „Spiele" kaum etwas übrigbleibt.

20 Daß Sie damit einen Arbeitsplatz im Vergnügungspark gefährden, wird dadurch kompensiert, daß durch Ihre Wenigerarbeit in Ihrer Firma entsprechend ein anteiliger Arbeitsplatz geschaffen wird.

21 Anlaufstelle für Österreich: TKS (Tauschkreisservice), c/o Reinhard Pichler, Tel. (0043/664) 25 23 226, http://unet.univie.ac.at/~a8801920

22 Zwei Drittel von 600 Talenten (6 Stunden à 100 Talente).

23 Wenn der „Talente-Kreislauf" nur einige Promille des Geldkreislaufs ausmacht, ist das System der „Sozial-Talente" praktikabel. Im hypothetischen Fall einer weiteren Verbreitung müßte jedoch dafür Sorge getragen werden, daß nicht einige „unbeliebte" Gemeinschaftsaufgaben (z.B. Pflege kranker oder alter Menschen) zugunsten „lustigerer" Tätigkeiten unter den Tisch fallen.

24 Jetzt auch in Österreich: Manufactum Handels GmbH, Postfach 966, A-4021 Linz, Tel. (0043/732) 341 638, http://manufactum.de

25 Car Sharing funktioniert nur bei Menschen, die grundsätzlich öffentliche Verkehrsmittel benützen und bloß gelegentlich – etwa für Transporte oder Reisen – ein Auto brauchen.

26 Übrigens – in der Landwirtschaft funktionieren Maschinenringe bereits seit langem.

27 Selbstverständlich ist nicht nur der gute Ausbau der Hauptstrecken wichtig, sondern auch eine flächendeckende Erschließung mit akzeptablen öffentlichen Verkehrsmitteln (Abstimmung der Fahrpläne, Tarifverbund).

6. Lebensstil: Was brauchen Sie?

Schon anläßlich der Zwentendorf-Abstimmung 1978 brachte der Wiener Biologe Peter Weish den Begriff der „Energie-Dienstleistung“ ins Spiel. Primäres Ziel des menschlichen Handelns ist nicht die Erzeugung von soundso viel Kilowattstunden Strom, sondern die Befriedigung von Bedürfnissen: Beleuchtung, Wärme, Musik hören etc. Statt immer mehr Strom zu produzieren, kann man die Geräte auch effizienter gestalten.

Schmidt-Bleek definierte eineinhalb Jahrzehnte später den „MIPS“[1] – die Abkürzung für „material input per service unit“. Der MIPS bezieht sich also auf die Rohstoffeffizienz; wieviel von einem bestimmten Rohstoff brauche ich, um eine bestimmte Dienstleistung zu erfüllen?

Unternehmen Sie nun mit uns den Versuch, über Ihre persönlichen Bedürfnisse unter dem Aspekt des MIPS nachzudenken. Was brauchen Sie zum Glücklichsein, und wie läßt sich dieser Bedarf energie- und materialeffizient befriedigen? Eine geeignete Meßgröße wäre vielleicht – angelehnt an den MIPS – etwas Ähnliches wie „RIPH“ (resource input per happiness unit).

Sie erinnern sich: Nachhaltigkeit läßt sich durch „Effizienz-“ und „Suffizienzrevolution“ erreichen – also ebenso durch eine „intelligente Rationalisierung der Mittel wie durch eine kluge Beschränkung der Ziele“.[2] Die beiden Begriffe bedingen einander – „nichts ist schließlich so irrational, als mit einem Höchstmaß an Effizienz in die falsche Richtung zu jagen“[3] (Gerhard Bronner und Helmut Qualtinger haben das schon vor Jahrzehnten so formuliert: „I hab zwar ka Ahnung, wo i hinfahr, aba dafür bin i gschwinda dort.“). Nun gibt es aber zwischen diesen Begriffen auch einen kontinuierlichen Übergang.

Nehmen wir als Beispiel den Verkehr. Ihr Auto braucht 10 Liter auf 100 km; durch mehr Effizienz läßt sich dieser Wert vielleicht auf die Hälfte oder ein Drittel senken. Sie haben noch immer „absolute Freiheit“ (wenn man nicht an den Stau denkt). Nächster Schritt: Car Sharing; Sie müssen Ihre Fahrten etwas vorherplanen (Suffizienzelement), aber durch Organisationsaufwand (Effizienz) wird der Materialeinsatz (Anzahl der produzierten Autos) verringert. Noch ein Schritt weiter: Sie verkaufen Ihr Vehikel und verlassen sich ganz auf den öffentlichen Verkehr, und gelegentlich nehmen Sie ein Taxi. Hier ist eine noch stärkere Verhaltensänderung vorausgesetzt.

Hier bleibt die Überlegung oft stehen. Der Mobilitätsbedarf, also die zurückgelegten Kilometer pro Jahr, wird als unabänderlich vorausgesetzt; Suffizienz wird nur als Verhaltensweise zur umweltfreundlichen Deckung dieses Bedarfs verstanden.

Wir könnten allerdings noch einen Schritt weiter gehen. Fahren Sie die ganze Zeit ziellos in der Gegend spazieren? Wohl kaum. Daher ist nicht „Mobilität" Ihr Bedürfnis, sondern Ihr Verkehrsverhalten dient zur Abdeckung verschiedenster Bedürfnisse: zur Arbeit zu kommen, bequem einzukaufen, im Urlaub ungebunden zu sein, Macht über eine Maschine auszukosten, dem anderen Geschlecht zu imponieren, Ihren Status zu definieren etc. – ein Bündel rationaler und emotionaler Bedürfnisse.

Die rationalen Motive lassen sich auf den ersten Blick schwer ändern; bei den emotionalen Bedürfnissen geht das vielleicht eher. Ein PC ist zwar auch nicht gerade umweltfreundlich, aber bei weitem besser als ein Auto; viele Menschen haben ihre Technikleidenschaft und ihren Wunsch, Maschinen zu „regieren", bereits auf die virtuelle Ebene verlagert.

Wollen Sie noch einen Schritt weiter mitgehen? Ist „Beherrschung einer Maschine" wirklich ein Primärbedürfnis? Geht es nicht eher darum, „wirksam zu sein", mit seinem Leben einen Abdruck im Gefüge der Welt zu hinterlassen? Bei den alten Griechen wurde dieses Bedürfnis (zumindest von der männlichen Oberschicht) durch Beteiligung am politischen Leben, am „Leben der Stadt", befriedigt. Wäre das nicht auch etwas für Sie – Mitarbeit in Ihrer Gemeinde, Pfarrgemeinde, einem gemeinnützigen Verein, einer politischen Partei?

Sie sehen: Die „Suffizienzrevolution" kann weit gehen – wenn Sie das zulassen ...

Auf den folgenden Seiten wollen wir gemeinsam über einige Primärbedürfnisse von Menschen nachdenken – und über die Form, wie sie bei uns und anderswo verwirklicht werden.

Leben

Das menschliche Bedürfnis schlechthin ... In Österreich liegt die Lebenserwartung[4] bei 77 Jahren, somit um rund 20% höher als im globalen Durchschnitt (63 Jahre)[5]. Da wir ja unseren Verbrauch an Rohstoffen, Energie, Nahrung etc. pro Kopf und Zeiteinheit betrachten, ist allein durch diese Tatsache unser Verbrauch an Umweltraum schon um 20% höher.

Nun fordert niemand die freiwillige Selbstbeschränkung der Lebenszeit auf 63 Jahre, damit Sie nicht mehr als den Ihnen zustehenden Teil an Umweltraum verbrauchen; die Antwort ist komplexer.

Primär geht es natürlich darum, die Lebenserwartung der Menschen in der Dritten Welt durch ausreichende medizinische Versorgung, ausreichende Ernährung etc. auf unser Niveau anzuheben. Das Gesundheitssystem ist in den industrialisierten Ländern jedoch ein bedeutender Kostenfaktor in den Staatsbudgets (in Österreich etwas mehr als ein Achtel der staatlichen Ausgaben).[6] Es ist zu fragen, ob eine Ausdehnung dieses finanziellen Aufwands auf die gesamte Weltbevölkerung denkbar wäre – die Antwort darauf kann zur Zeit nicht gegeben werden, trotzdem ist es wichtig, diese Frage überhaupt einmal zu stellen.

Wenn man bedenkt, daß oft hunderttausende Schilling für einen einzigen Intensivpatienten in Österreich ausgegeben werden und daß andererseits Millionen Kinder in der Dritten

Trends bei der Lebenserwartung

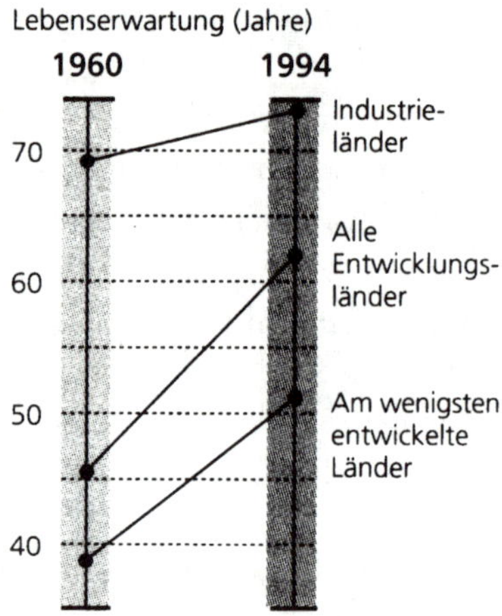

Quelle: Human Development Report Office.

Diese Abbildung zeigt, daß trotz positiver Entwicklungen in den letzten Jahrzehnten noch deutliche Unterschiede in der Lebenserwartung zwischen Industrieländern und Entwicklungsländern bestehen (Bericht über die menschliche Entwicklung. Deutsche Gesellschaft für die Vereinten Nationen e.V., Bonn 1977, S. 35, Graphik 2.5).

Einige Zahlen und Fakten

- Jährlich sterben über 6 Millionen Kinder unter fünf Jahren an Unterernährung – diese Zahl steigt jährlich.
- Auch Kinder, die Mangelernährung überleben, müssen mit geistiger Beeinträchtigung rechnen.
- Mehr als 1,1 Milliarden Menschen haben keinen Zugang zu sauberem Trinkwasser.
- Besonders betroffen von unzureichender Nahrung, mangelnder Gesundheitsvorsorge und Mangel an sauberem Wasser sind Frauen.

(Quelle: UNICEF-Bericht „Zur Situation der Kinder in der Welt", 1997)

Welt sterben, weil kein Geld für Schutzimpfungen da ist, auch wenn diese nur wenige Schilling kosten, wird man nachdenklich. Wieso ist das Leben meines Nachbarn (oder mein eigenes) wichtiger und wertvoller als das meines Mitmenschen in Uganda? Das Umweltraumkonzept führt zur Forderung nach einem globalen Ausgleich der Lebenserwartung. Derzeit beträgt sie in Japan 80 Jahre, in Ruanda 23 Jahre (und das noch vor dem Bürgerkrieg!).

Bei der Pensionsdebatte geht es immer wieder um die „Lebensverdienstsumme" – analog müßte man den „Lebensumweltverbrauch" zum Maßstab nehmen. Wer also – wie etwa wir Österreicher – eine höhere Lebenserwartung hat, sollte pro Jahr einen geringeren Energie- und Rohstoffverbrauch haben als andere. Daß diese Forderung noch utopischer ist als das ursprüngliche Umweltraumkonzept, liegt auf der Hand.

Sättigung

Würde der Mensch nur so viel essen, wie sein Körper braucht (gewisse Kalorienanzahl), gäbe es keine Dicken; leider essen wir nicht nur so lange, bis ein bestimmtes Sättigungsgefühl erreicht ist. Viele andere Faktoren spielen mit: Ersatzbefriedigung angesichts unerfüllter Grundbedürfnisse, Überangebot an Waren, aber auch die Pflege sozialer Kontakte.

Übergewicht ist nicht Ihre Privatsache

Sie wollten vielleicht schon oft abnehmen. Vielleicht hilft Ihnen beim nächsten Versuch folgende Überlegung: Jeder Mensch hat einen bestimmten „Grundumsatz" – die Kalorienmenge, die er benötigt, um seine Körperfunktionen aufrechtzuerhalten und sein Gewicht zu halten. Dieser Grundumsatz ist nun vom Gewicht abhängig; für „Heizung und Motor" (Blutkreislauf, Erzielung der Körperwärme, Bewegung etc.) braucht ein 100-kg-Mensch etwa doppelt so viel Energie und somit Nahrung wie ein 50-kg-Mensch.

Das bedeutet: Die entscheidende Größe für den Nahrungsbedarf[7] einer Gesellschaft ist nicht ihre Kopfzahl, sondern ihr Gesamtgewicht – für Österreich also etwas über eine halbe Million Tonnen. Die ständige Gewichtszunahme der Bürger der Industrieländer hat also dieselben Auswirkungen auf die Welternährungslage wie das Wachstum der Bevölkerungszahl in den Staaten der Dritten Welt.[8]

Für Mathe-Fans: Wie kommt man auf 400.000?

Zur Berechnung des Übergewichts wird nicht mehr die Formel „Körpergröße minus 100", sondern der Body-Mass-Index BMI verwendet. Man erhält ihn, indem man das Gewicht (in kg) durch das Quadrat der Körpergröße (in m) dividiert. Jemand, der 80 kg wiegt und 1,75 m groß ist, hat also einen BMI von 80 : (1,75 x 1,75), also 26. Der Bereich von 20 bis 27 gilt als normal.

Etwa 18% der Österreicher und 12% der Österreicherinnen haben einen BMI zwischen 27 und 30 (also, wenn wir von einem Ideal-BMI von 24 ausgehen, ca. 12 bis 25% Übergewicht), etwa 8% (bzw. 9%) einen BMI über 30 (also mehr als ca. 25% Übergewicht).

Da genauere statistische Unterlagen fehlen, nehmen wir an, daß 15% aller Menschen (Mittelwert von 18 und 12) ein durchschnittliches Übergewicht von 18% haben und 8,5% ein durchschnittliches Übergewicht von 30%. Es ergibt sich – aus der Rechnung (0,15 x 0,18) + (0,085 x 0,30) = 0,515 – ein Gesamt-Übergewicht von etwa 5%, das entspricht bei einer Bevölkerung von 8 Millionen Menschen etwa 400.000 „fiktiven Einwohnern".

Allein die Bäuche der Österreicherinnen und Österreicher auf Normalumfang zu reduzieren[9], würde gewichtsmäßig einer Senkung der Weltbevölkerung – bzw. ihres Nahrungsbedarfs – um fast 400.000 Menschen entsprechen.

Achtung – Pfauenfeder!

Es gibt tausend Diäten; wir fühlen uns nicht berufen, Ihnen zu einer bestimmten zu raten oder gar eine tausendunderste zu erfinden. Wir möchten Sie nur darauf aufmerksam machen, daß ein Teil der vorgeschlagenen Diätprogramme (insbesondere die brandneuen „Schlankheits-Wunderpillen") auf dem Prinzip „Pfauenfeder" beruht.

Sie erinnern sich: Bei den Gelagen im antiken Rom zählte die Pfauenfeder zu den unentbehrlichen Utensilien. War der Magen einmal voll mit den erlesensten Köstlichkeiten, so verhalf ein Kitzeln des Gaumens zur abrupten Entleerung, und das Mahl konnte fortgesetzt werden.

Nun gibt es Diäten, die Ihnen zwar eine Menge Fleisch zugestehen, aber bei den Stoffen sparen, die Ihnen eine „effiziente" Verwertung der im Fleisch enthaltenen Kalorien ermöglichen würden – Sie essen viel, aber „es schlägt nicht an", ein Großteil der Nährstoffe geht durch Ihren Körper ungehindert durch. Sobald Ihnen dieses Prinzip bewußt wird, werden Sie sicher derartige Diäten als zutiefst unmoralisch ablehnen – sie entsprechen der Idee, das Fenster zu öffnen, wenn Ihnen im Winter durch zuviel Heizen zu warm im Zimmer ist.

Körpergefühl

Legen Sie sich doch einmal in die Badewanne (Öko-Puristen – bitte weghören) und füllen Sie sie mit ziemlich warmem Wasser. Legen Sie sich zurück – versuchen Sie die Grenze des Wasserspiegels an Ihrer Haut zu spüren. Tauchen Sie einen Zentimeter tiefer ein, dann wieder weniger tief – was spüren Sie?

Oder: Beobachten Sie von Zeit zu Zeit für ein paar Sekunden bewußt Ihren Körper – Ihre Empfindungen, wenn Sie einmal tief einatmen; das angenehme Gefühl auf der Kopfhaut beim Frisieren ... Diese kleinen Beispiele sollen stellvertretend für eine wahre Flut von Übungen zum Körperbewußtsein stehen; es gibt unzählige Methoden[10], und ganze Regale in den Buchhandlungen quellen davon über.

Und was hat das mit Nachhaltigkeit zu tun?

Doch einiges. Verstärktes Körperbewußtsein – ob durch Sport, Yoga, Gartenarbeit oder Übungen wie die oben beschriebene – reduziert die Entfremdung und macht zufriedener. Viele Konsum„bedürfnisse“, die oft als Kompensation für eine diffus empfundene Unzufriedenheit mit dem eigenen Leben entstehen, werden dadurch überflüssig.

Raum

Jeder Mensch braucht Raum für sich. Dieses Bedürfnis nach einer Rückzugsmöglichkeit, nach Privatheit nimmt in unserer Kultur offensichtlich ständig zu und trägt zum krebsartigen Wachstum der Städte bei.

In der Dritten Welt leben oft ganze Familien in einem einzigen Raum; in vielen Fällen jedoch nicht aus Überzeugung, sondern aus ökonomischem Zwang. Außerdem lassen sich derart tief verwurzelte kulturelle Normen kaum in eine andere Gesellschaft übertragen.

Ein Weg, um den objektiven Raumbedarf ein wenig zu senken und dennoch das subjektive Raumbedürfnis zu befriedigen, liegt in der Erhöhung des Nutzungsgrades eines Raums: durch eine gemeinsame Sauna oder Werkstatt, die sich mehrere Familien einrichten, durch Wohnungstausch in den Ferien sowie durch verstärkte Errichtung und Nutzung von Gemeinschaftseinrichtungen.

Raum und Zeit hängen miteinander zusammen (hier denken wir nicht an Einstein und seine Relativitätstheorie). Wer mehr Zeit hat – oder zu anderen Zeiten Zeit hat als die meisten – hat auch mehr Raum: Er muß sich nicht in der Hochsaison durch überfüllte Museen oder auf vollgestopfte Strände zwängen, muß nicht in der Stoßzeit mit dem Auto oder den Öffis unterwegs sein und kann auch einmal tagsüber das ruhige Wohnzimmer genießen, wenn alle anderen Familienmitglieder aus dem Haus sind – auch das bedeutet mehr Raum für einen selbst ...

Bildquelle: Der wiedergefundene Garten. Zeitung zur Verlangsamung der Zeit. Ausg. 05/97

Zeit

Wolfgang Sachs hat 1993 den Begriff der „Entschleunigung" geprägt – als „Entdeckung der Gemächlichkeit".[11] Einige Sätze aus seinem lesenswerten Essay: „Beschleunigung, gründlich genug betrieben, zeigt freilich die mißliche Tendenz, sich selbst aufzuheben: man kommt immer schneller dort an, wo man immer kürzer bleibt. Beschleunigung, das ist ihre kontraproduktive Seite, macht gleichgültig für das Hier und Jetzt, sie ist der Feind von gelungener Gegenwart. Daher erstaunt es nicht, daß das neue Interesse für Langsamkeit, das unter dem Firnis des offiziellen Beschleunigungszwangs wächst, mit dem Bestreben zu tun hat, sich aufmerksamer und großzügiger den Situationen des Alltags zu stellen. Der Geschmack für Gemächlichkeit bildet sich aus in der Liebe zur Gegenwart, Intensität führt von selbst zur Verlangsamung."

Wir haben bereits im vorigen Abschnitt gesehen, daß Zeit für Gemächlichkeit ebenfalls (mit „Nega-Schillingen") gekauft werden kann – und daß sich nicht jeder diesen Luxus leisten kann. Die Perspektive eines wohldotierten Soziologen unterscheidet sich wohl stark von der einer alleinerziehenden Mutter, die vor der Arbeit noch schnell ihre Kinder in den Kindergarten bringen und nach der Arbeit schnell von dort abholen muß ... Den guten Rat, ihre Arbeitszeit doch ein wenig zu reduzieren, um „gemächlicher“ die Gegenwart zu genießen, kann sie nicht befolgen, weil sie schon jetzt kaum genug Geld zum Leben hat.

Es ist offenkundig, daß auch Zeit ungleich verteilt ist – zwischen Arm und Reich, zwischen Frauen und Männern. In Umkehrung des Spruches „Zeit ist Geld“ kann man nämlich auch sagen: „Geld ist Zeit.“ Nur wer soviel verdient, daß er auch Geld für „Luxus“ hat, kann es sich leisten, ein bißchen weniger zu arbeiten und für sein Überschußgeld Freizeit zu kaufen. Doch gerade viele der Reichsten sind „Workaholics“ und nicht bereit, Gebrauch von dieser Möglichkeit zu machen.

Da der Großteil der Kindererziehung und Hausarbeit auch heute noch an den Frauen hängt, sind berufstätige Frauen heute diejenigen mit der größten Belastung und somit den geringsten Freizeitreserven. Die 1996 von der ehemaligen Frauenministerin Helga Konrad ins Leben gerufene Kampagne „Halbe-Halbe“[12] (gleiche Hausarbeit auch für Männer) ist eine bemerkenswerte Initiative, um analog zum „Umweltraum Boden“

Bildquelle: Umwelt-Erziehung. Hrsg.: Umweltdachverband ÖGNU. Nr. 1996/2

und „Umweltraum CO_2" auch die in einer Familie verfügbare freie Zeit gerecht zu verteilen.

Mechanismen zur gerechteren Zeit-Verteilung nicht nur innerhalb einer Familie, sondern in der gesamten Gesellschaft setzen eine wesentlich stärkere finanzielle Unterstützung des Staates für Kinder voraus: Familien, die durch Kinder auch enorme zusätzliche zeitliche Belastung haben, sollten auf Kosten anderer entsprechend von Betreuungs- bzw. Erwerbsarbeitszeit entlastet werden. Dies kann durch Ausbau von Kinderbetreuungseinrichtungen, aber ebenso durch Bezahlung eines Grundeinkommens auch für Kinder erreicht werden.

Die Einführung des Pflegegeldes war ein Schritt zu mehr Zeit-Gerechtigkeit: Warum soll jemand, der einen schwer behinderten oder durch Alter hilflosen Angehörigen pflegt, das zusätzlich zu einer vollen Berufstätigkeit tun müssen? Es ist gerecht, hier ein ansehnliches Pflegegeld zu bezahlen, damit die Erwerbsarbeit eingeschränkt und/oder ein Teil der notwendigen Pflege von bezahlten Fachkräften erledigt werden kann. Aber wieso bekommt jemand für die Pflege seiner hilflosen alten Mutter monatlich etliche tausend Schilling Pflegegeld, für die Pflege seiner mindestens ebenso hilflosen neugeborenen Tochter jedoch viel weniger (gerade noch die Familienbeihilfe und – wenn vorher genügend lang gearbeitet wurde – eine Zeitlang Karenzgeld)?

Gehen wir nun wieder weg von den Forderungen an die Politik – und überlegen wir uns, was wir als einzelne tun können, um bewußter mit Zeit umzugehen. Erbauliche Anregungen bietet „Der wiedergefundene Garten – Zeitung zur Verlangsamung der Zeit".[13] Zitat (aus der Nr. 2/96):

VEREIN ZUR VERZÖGERUNG DER ZEIT

STERNECKSTRASSE 15, A-9010 KLAGENFURT, TEL.: +43/463/27 00-742, FAX: 27 00-759

„Wir machen uns weiterhin mit Ihnen auf den Weg, die Zeit zu suchen. Sie muß nämlich irgendwo unter einem Apfelbaum oder Nußbaum versteckt sein.“ Auch das „Forum Umweltbildung“ hat diesem Thema ein ganzes Heft gewidmet.[14] Seminare und Vorträge zu diesem Thema veranstaltet „Tempus – Verein zur Verzögerung der Zeit“.[15]

Aber vielleicht reicht es auch, sich einmal seinen Sessel auf den Balkon zu rücken oder eine Hängematte im Garten aufzuhängen? Eine schöne CD einzulegen und bei Kerzenschein eine Flasche Wein zu öffnen? Nicht mit dem Auto, sondern per Rad oder gar zu Fuß die Natur zu durchstreifen? Seinen Kindern einmal wirklich zuzuhören? ... Ihnen fällt sicher noch genug ein!

Schönheit

Schon Anfang der achtziger Jahre bezeichnete die Alternative Liste Österreich in ihrem ersten Programm die Schönheit als ein Hauptanliegen der Alternativbewegung. Auch die Naturschutz- und Alpenvereine als Vorläufer der Umweltgruppen haben die Fülle und Schönheit der Natur immer in den Mittelpunkt ihrer Arbeit gestellt. So meint etwa der Soziologe und Historiker Gerhard Strohmeier: „Für jeden Menschen existieren Orte, die sich von allen anderen abheben, Orte der Erinnerung, 'Heilige Orte'. Die Zerstörung solcher Orte kann starke Gefühle des Verlustes und der Trauer auslösen.“[16]

Wenn wir uns an den vorigen Abschnitt erinnern: Zeit nehmen wollen wir uns nur, wo es schön ist – keiner hält sich gerne freiwillig länger als nötig an häßlichen Orten auf. Entschleunigung setzt daher „Enthäßlichung“ voraus. Wer geht schon gerne in quadratkilometergroßen Agrarsteppen spazieren? Aber die Gegenbewegung zur Ausräumung der Landschaft hat schon begonnen. So setzt sich etwa der „Distelverein“[17] für die Erhaltung und Schaffung von Hecken, Rainen und Gehölzen ein, und auf die Phase der Flußregulierungen folgt nun schon die der „Entgradigungen“ – erst vor kurzem erhielt beispielsweise der Kamp einige der verschlungenen Windungen zurück, die ihm in den sechziger Jahren genommen wurden ...

Der Kamp ... (aus: „Das Buch der Flüsse“, BMLF, BMUJF, WWF)

Es ist wohl kein Zufall, daß diese Maßnahmen, die aus ökologischen Motiven erfolgen, auch positive ästhetische Auswirkungen haben – es ist naheliegend, daß der Mensch im Lauf der Evolution gelernt hat, reiche Landschaften und vielfältige Natur als „gut“ und somit als „schön“ zu bewerten.[18] So meint Vaclav Havel: „Der Zustand der Welt, wie sie der Mensch schafft, ist ein Abbild seines eigenen Zustandes.“ (Heißt das nicht umgekehrt, daß Kontakt mit vielfältiger, „reicher“ Natur bereichert?) Friedensreich Hundertwasser nennt Häßlichkeit „das gefährlichste Umweltgift“.

Weltanschauung

Jeder Mensch hat ein bestimmtes Bild von der Welt und macht sich bestimmte Vorstellungen über ihr Funktionieren. Diese werden mit zunehmendem Alter präziser und verdichten sich zur „Weltanschauung“. Dort, wo Erfahrungswissen nicht mehr weiterhilft, beginnt die Sphäre der Ver mutungen, des Glaubens, der Religionen und Sekten. Nachdenken über diese Fragen stellt offenbar ein Grundbedürfnis des Menschen dar.

In allen Religionen ist gegenseitige Rücksichtnahme, Teilen und Nächstenhilfe verankert. So ist es naheliegend, daß die Konfessionen sich verstärkt sozialen und ökologischen Fragen widmen: Basisgruppen wie die ARGE Schöpfungsverantwortung[19] haben sich in den letzten Jahren verstärkt zu Wort gemeldet. Aber auch die „offizielle" katholische Kirche stellt fest, daß „die Verantwortung für Schöpfung, Natur und Umwelt zu den ganz persönlichen Pflichten des Einzelmenschen und seiner Lebensgemeinschaft gehört"[20] – der katholische Bischof Paul Iby betont das sogar in einem eigenen Gastkommentar für die Zeitschrift des Burgenländischen Müllverbandes.[21] Aber auch bei den anderen Konfessionen stehen ökologische Gedanken hoch im Kurs: Die evangelische Superintendentin Gertraud Knoll wurde bei ihrer Bundespräsidentschaftskandidatur 1998 sogar als verkappte grüne Kandidatin bezeichnet, und auch der jüdische Oberrabbiner Paul Chaim Eisenberg bezieht sich wiederholt auf den biblischen Schöpfungsbericht (Gen. 2,15), wenn er feststellt, daß der göttliche Auftrag, „den Garten Eden zu bebauen und zu behüten", uns zur Bewahrung der Natur verpflichtet.

Diese Aussagen sind besonders bemerkenswert, wenn man bedenkt, daß mit dem ebenfalls aus der Genesis stammenden Satz „Macht euch die Erde untertan!" jahrhundertelang Naturzerstörungen größten Ausmaßes legitimiert wurden. Viele Wissenschaftler sind der Ansicht, es sei kein Zufall, daß es unter den hunderten Weltkulturen gerade die abendländische (jüdisch-christliche) ist, die den gesamten Erdball bedroht ...

Auch außerhalb der traditionellen Kirchen wächst das Bewußtsein für die Vernetztheit des Menschen mit der Natur. Im Zug der „New Age"-Bewegung ist eine Vielzahl von kleinen spirituellen Gemeinschaften entstanden, die sich durch zum Teil sehr intensives Naturempfinden auszeichnen. Leider ist die „andere Hälfte" der Nachhaltigkeitsidee – globale Gerechtigkeit und Solidarität – für viele dieser Gruppen wenig interessant; manche finden sogar den Weg von Natur- und Heimatliebe zu rassistisch-faschistischen Ideologien.[22]

Ein Problem (fast) aller religiösen Gemeinschaften – ob es sich nun um „staatlich anerkannte Religionen" oder um „Sekten" handelt – ist die Unterwerfung der Mitglieder unter ein nicht demokratisch diskutierbares, weil „gottgegebenes" System von Regeln und Vorschriften. Vor allem die Unterordnung in Hierarchien sowie die Unterdrückung der Sexualität verlangt ein anderweitiges „Ausleben" der hier gebundenen psychischen Energien – das geschieht dann oft in Arbeit und Konsum. Leider wirkt das der oft zitierten Ausrichtung auf die „Bewahrung der Schöpfung" entgegen; insofern ist es erfreulich, daß immer weniger Menschen zur kritiklosen Unterwerfung unter Regelsysteme bereit sind.

Wer seinen Platz in einer religiösen oder anderen (weltanschaulichen) Gemeinschaft findet, wo er ein für sich ausreichendes Maß an Freiheit hat, seine Lebensbedürfnisse nicht unterdrücken muß und von der Gruppe in seinem ökologisch und sozial verträglichen Handeln unterstützt wird – der kann sich wohl glücklich schätzen.

Macht

Das Umweltraum-Prinzip setzt auf die gerechte Verteilung der zur Verfügung stehenden Ressourcen, und das weltweit – und zugleich so, daß auch für die künftigen Generationen gleich viel da ist. Eine gerechte Verteilung der materiellen Güter setzt jedoch eine gerechte Verteilung der „immateriellen Güter" voraus.

Den „Umweltraum Leben", den „Umweltraum Zeit" und den „Umweltraum bezahlte Beschäftigung" haben wir schon erwähnt; wie sieht es nun beim „Umweltraum Macht" aus? Hier ist einmal die Ungleichverteilung zwischen den Geschlechtern eklatant; darüber hinaus verlagert sich die Macht zusehends von den gewählten Parlamenten zu den Finanzmärkten sowie zu den Konzernzentralen multinationaler Unternehmen.

„Macht" als Entscheidungsspielraum kann offensichtlich auch auf Kredit genommen werden: Die „Entscheidungsfreiheit" der siebziger Jahre führte in vielen Ländern zu enormen Staatsschulden, deren Zinsen (ganz zu schweigen von der Rückzahlung!) die Entscheidungsspielräume der jetzigen Regierungen stark einschränken. Unsere Freiheit, die Umwelt zu vergiften, bedeutet für die Folgegenerationen die zusätzliche Unfreiheit, dieses Problem irgendwie in den Griff bekommen zu müssen – bei der Nutzung der Atomenergie wird das besonders deutlich.

Jeder Mensch braucht, um glücklich zu sein, einen gewissen Bereich, wo sein Wort, seine Handlung „gilt", wo er wichtig ist. Wer im Berufsleben keine „Macht", keine eigenständigen Bereiche hat, wird sich als Mann dieses Gefühl oft bei der Partnerin holen; Eltern bedienen sich mitunter ihrer Kinder, und auch Haustiere oder ethnisch-nationale Überlegenheitsgefühle können einen Ausweg aus dem Gefühl der Machtlosigkeit bieten.

Das Vorhandensein großer „machtloser" Bevölkerungsschichten, die – etwa durch Existenzängste und Arbeitslosigkeit – ihres legitimen Anteils an Macht beraubt sind, kann verschiedene Kompensationseffekte zur Folge haben: Haß und Gewaltbereitschaft in Form rechtsextremer/ausländerfeindlicher Strömungen (verbunden mit einer weiteren Entsolidarisierung, Hetze gegen „Sozialschmarotzer") oder sich als „links" bezeichnender Chaoten, aber auch gesteigerten Konsumwunsch.

Wir werden im nächsten Abschnitt sehen, daß es auch andere Auswege gibt: Auch wer an der „Vernachhaltigung" der Gesellschaft mitarbeitet, ist wichtig – und in einer Gruppe Gleichgesinnter gibt es genug Gelegenheit, gestaltend zu wirken.

Tätigkeit und Muße

Es scheint klar, daß Arbeit ein Grundbedürfnis aller Menschen darstellt. Schon in der Zwischenkriegszeit hat Marie Jahoda in ihrer bahnbrechenden Arbeit „Die Arbeitslosen von Marienthal"[23] nachgewiesen, wie demoralisierend sich Langzeitarbeitslosigkeit auswirkt; die politischen Gefahren sind spätestens seit dem auch durch die hohe Arbeitslosigkeit bedingten Aufstieg des Nationalsozialismus in der Zwischenkriegszeit offenkundig.

Betrachtet man jedoch andere Zeiten und andere Kulturen, so sieht es völlig anders aus. Das erkennt man am lateinischen Wort „otium" (Muße), dessen Verneinung „negotium" Arbeit, Geschäft bedeutet; Arbeit also als „Nicht-Muße" und nicht wie heute Muße als „Arbeitslosigkeit", als

„Nicht-Arbeit“ ... Im Altertum war Arbeit Mittel zum Zweck (zur Muße), wurde nicht besonders geschätzt und somit nach Möglichkeit Sklaven und Frauen zugeschanzt. Im Mittelalter und noch mehr in der Neuzeit entwickelte sich – auch unter Einfluß der Reformation – ein Arbeits- und Leistungsethos, und Arbeit rückte in den Mittelpunkt des Lebens.[24]

Die Hippie-Bewegung Ende der sechziger Jahre revoltierte gegen diesen Anspruch; die Aufbaugeneration war schockiert. Auch wenn heute bei großen Teilen der Jugend wieder Leistungsdenken dominiert, wird nichts mehr so sein, wie es vor 1968 war: Arbeit ist als *ein* Sinn und nicht *der* Sinn des Lebens offenbar geworden.

In außereuropäischen Kulturen herrscht oft ein gänzlich anderes Verhältnis zur Arbeit vor. Die Wertschätzung der Muße ist wesentlich höher, was dazu führt, daß die „Bloßfüßigen“ als „arbeitsscheu“ hingestellt werden – was im strengen Wortsinn sogar stimmen kann; der verächtliche Tonfall zeigt jedoch, daß unsere eigenen Wertmaßstäbe als die einzig richtigen angesehen werden.

Wir haben in Kapitel 5 ausführlich den Rückgang der bezahlten Arbeit durch Produktivitätssteigerungen diskutiert. Arbeit ist ein knappes Gut geworden; Horten (in Form von Überstunden) ist abzulehnen, und wer einen Teil seines Arbeitslohns in mehr Freizeit umwandelt, trägt zur Lösung dieses schwerwiegenden gesellschaftlichen Problems bei.

Aber es gibt nicht nur bezahlte Arbeit – sonst müßten alle Pensionierten sofort überschnappen.[25] Unbezahlte Tätigkeiten können genausogut zur Deckung unseres Bedürfnisses nach Verwirklichung und Entfaltung dienen: ein Hobby, der Schrebergarten – oder die Mitarbeit in einer Gruppe, die sich in irgendeiner Form für die Verbesserung von Mängeln unserer Gesellschaft einsetzt. Wer dieses Büchlein bis hierher gelesen hat, dem wird wohl nie mehr „fad“ sein – es gibt genug zu tun.

Anmerkungen

1 Schmidt-Bleek, Friedrich: Wieviel Umwelt braucht der Mensch? MIPS – das Maß für ökologisches Wirtschaften. Basel – Berlin 1994.

2 Sachs, Wolfgang: Die 4 E's. In: Sonderheft Politische Ökologie, Sept./Okt. 1993.

3 Ebenda.

4 Jeweils Mittelwert Männer/Frauen.

5 UNDP-Bericht über die menschliche Entwicklung 1997, S. 176 ff.

6 Ebenda, S. 242.

7 Ähnliches gilt für den Textilbedarf.

8 Was den Verbrauch an Nahrungsmitteln anbelangt, zählt also jemand mit 10% Übergewicht für 1,1 Menschen.

9 Statistische Nachrichten, 6/1994, S. 479 ff.

10 Die Wiener Programmzeitschrift „Falter" vermittelt in ihrem Anzeigenteil unter der Rubrik „Körper/Seele" einen kleinen Überblick über die Vielfalt von Kursen und Selbsterfahrungsgruppen; aber auch bei den Volkshochschulen können Sie fündig werden.

11 Sachs, Wolfgang: Die 4 E's. In: Sonderheft Politische Ökologie, Sept./Okt. 1993.

12 Hier bestand eine Korrekturleserin (völlig zu Recht) darauf, unabhängig von orthographischen Vorschriften das zweite „halbe" ebenfalls groß zu schreiben ...

13 Probeexemplare sind zu bestellen bei Gabriele und Karl Kammerhofer, Bahnhofstr. 10, A-4644 Scharnstein, Tel. (0043/7615) 7502, Fax (0043/7615) 2871.

14 Ökologie der Zeit: Von Lebensräumen und Zeiträumen. „Umwelte-Erziehung", Nr. 2/1996, zu bestellen bei: Forum Umweltbildung, Alserstr. 21, A-1080 Wien, Tel. (0043/1) 402 47 01, http://www.umweltbildung.at

15 Per Adresse: iff/Universität Klagenfurt, Sterneckstr. 15, A-9020 Klagenfurt, Tel. (0043/463) 2700-742. Über diesen Verein und andere Themen im Zusammenhang mit „Zeit" informiert: http://members.eunet.at/ro.neunteufel/zeit.htm

16 Strohmeier, Gerhard: Gesprengte Erinnerungen. In: Panda-Magazin, WWF, 1/95.

17 Fadenbachstr. 17, A-2304 Orth/Donau, Tel. (0043/2212) 2960, Fax -9.

18 Da der Mensch sich durch seinen Lebensstil schon sehr von der Natur entfernt hat, stimmt dieser Kompaß nicht immer zuverlässig: So gibt es Menschen, die blumenfreien „englischen Rasen" mit Koniferenzaun als Inbegriff eines schönen Gartens empfinden, und andere (vor Hainburg auch viele Politiker), die unberührte Auwälder als „Gstättn" bezeichnen.

19 ARGE Schöpfungsverantwortung e.V., Spiegelgasse 3, A-1010 Wien, Tel./Fax: (0043/1) 51 522-3663, http://www.user.xpoint.at/argeschoepfung

20 Sozialhirtenbrief 1990.

21 Müllgazette, 2/97.

22 Gugenberger, Eduard/Schweidlenka, Roman: Die Fäden der Nornen. Wien 1993.

23 Lazarsfeld, Paul F./Jahoda, Marie/Zeisel, Hans: Die Arbeitslosen von Marienthal. (Original: 1933.) Frankfurt/Main 1973.

24 Unter Verwendung des Textes von Elisabeth Smolak „Arbeit im Wandel" über einen Vortrag des Historikers Christian Meier. In: Werkstattblätter (Kulturwerkstätte der SPÖ), 2/98.

25 Manche tun es ohnehin („Pensions-Schock") ...

7. Die Welt verändern

In den ersten sechs Kapiteln ist es um Ihren persönlichen Lebensstil und um Ihre Konsumgewohnheiten gegangen, aber auch darum, wie Sie sie ändern könnten, um einerseits mehr Zufriedenheit und Freude zu gewinnen, andererseits aber einen Beitrag zur Lösung weltweiter Probleme wie Welthunger, Klimakatastrophe und Arbeitslosigkeit leisten zu können.

Ihr eigenes Handeln ist wichtig. Es kann Vorbildwirkung auf andere haben; außerdem gibt es Ihnen das Selbstbewußtsein und die moralische Kraft, auch politische Änderungen zu verlangen. Und ohne diese Änderungen geht es nicht (denken Sie an die „soziale Falle Verkehr"!).

Unsere eigenen Anstrengungen verpuffen daher relativ wirkungslos, wenn wir uns nicht gleichzeitig für eine Änderung der wirtschaftlichen und politischen Spielregeln der Gesellschaft einsetzen. Und auch dieser Einsatz kann Lust bereiten – gemeinsames Tun kann auf akzeptable Art das nötige Pensum an „Bedeutung" und Aktivität abdecken, und gemeinschaftlich erzielte Erfolge sind eine „Superdroge" gegen Sinnverlust.

Wir schlüpfen täglich in viele Rollen: in der Familie, im Freundeskreis, am Arbeitsplatz, beim Einkaufen ... In den meisten Fällen müssen wir „nichts Besonderes" tun. Wenn wir uns selbst auf den Weg der Veränderung machen und unsere Mitmenschen unsere veränderten Handlungen und unsere gestiegene Lebensfreude mitbekommen, reicht das vollauf.

Wir werden daher nur drei Rollen betrachten:

- die Rolle des Konsumenten[1],
- des Wählers und
- des Meinungsbildners.

Die Macht des Konsumenten

Der Kunde ist König: Immer wieder gibt es spektakuläre Erfolge. So mußte Shell 1996 auf die geplante Versenkung der Bohrplattform „Brent Spar" verzichten, nachdem die von Umweltgruppen (insbesondere Greenpeace) organisierten Käuferboykotts schmerzliche Umsatzrückgänge bewirkten. Auch die jahrelange Kampagne gegen Pelze zeigt Wirkung. In vielen Schichten der Bevölkerung ist Pelztragen bereits verpönt, und entsprechend sind die Umsatzrückgänge der Pelzbranche. Und daß heute in Österreich ein Großteil der Supermarkt-Eier schon von „glücklichen Hühnern" stammt, haben diese auch den tierschutzsensibilisierten Konsumenten zu verdanken.

Der Kunde ist König: Das ist leider nur eine Teilwahrheit. Wenn Sie in einer Imbißstube ein Erfrischungsgetränk kaufen wollen, bleibt Ihnen meist nur die Wahl zwischen Aludose oder Durstigbleiben – Pfandflaschen sind da die absolute Rarität. Und versuchen Sie einmal, in einem Jahr, in dem hohe Absätze modern sind, ein Paar flache Schuhe zu ergattern ...

Verkäufer und Käufer befinden sich in unterschiedlichen Situationen: Durch den Wettbewerbsdruck kann es sich der Verkäufer gar nicht leisten, Rücksicht auf soziale und ökologische Probleme zu nehmen – außer der Kunde honoriert das durch verstärkten Einkauf bei ihm oder durch die Bereitschaft, höhere Preise zu bezahlen. Der Käufer wiederum spürt meist ebenfalls den ökonomischen Druck: in Form seines schmalen Geldbörsels. Überdies gibt es Produkte, auf die er nicht verzichten kann – etwa Schuhe –, bei denen er daher den Launen der Mode ausgesetzt ist.

Das Fessel-Institut führte 1996 eine Umfrage über umweltfreundlichen Einkauf durch. Die Zustimmung war erstaunlich hoch. 86% erklärten sich bereit, umweltfreundliche Produkte zu kaufen, auch wenn sie teurer wären (1984: 77%); es wurde auch ein höherer Preiszuschlag in Kauf genommen („über 10% Mehrpreis" gaben 18% der Befragten zur Antwort, 1984 erst 5%) (siehe „Der Standard", 19. 3. 1997).

Da die „Käufermacht" nur dort greift, wo ein merkbarer Prozentsatz der Kunden davon Gebrauch macht, sind offensichtlich mehrere Voraussetzungen nötig:

- Die Käufermacht muß organisiert sein. Globalen Konzernen können nur weltweite (Umwelt-)Organisationen als ebenbürtige Gegner Verhaltensänderungen aufzwingen; das Sortiment des Greißlers ums Eck oder die Speisekarte ihres Stammwirten können vielleicht schon einige Dutzend Kunden beeinflussen, die sich in einem Verein, einer Pfarrgemeinde etc. absprechen.
- Das individuelle Opfer muß gering sein. So war der Boykott gegen Shell deshalb so erfolgreich, weil man das Benzin ohne Probleme zum selben Preis bei jeder anderen Tankstelle kaufen konnte.
- Es muß ein persönlicher Nutzen dabei herausschauen. Entweder haben die Produkte eine höhere Qualität (etwa „bio"), oder man hat zumindest das beruhigende Gefühl, etwas Gutes getan zu haben. Je stärker der persönliche Nutzen, desto höher darf das „Opfer" sein, etwa in Form von Mehrpreis oder einem längeren Einkaufsweg.[2]

Je stärker also durch Meinungsbildung – und dazu zählt jedes Gespräch, das Sie führen! – der „moralische Nutzen" eines bestimmten Kaufverhaltens eingeschätzt wird, desto mehr Menschen werden umdenken und mittun – und desto wahrscheinlicher wird ein Erfolg.

Boykottaufrufe sind riskant. Wer sie veröffentlicht, muß mit Schadenersatzklagen der betroffenen Firmen rechnen. Einfacher ist es, vorhandene positive Initiativen zu stärken. Hier ist es besonders wichtig, nicht durch Bequemlichkeit oder Gedankenlosigkeit die Unterstützung guter Ansätze zu versäumen.

Drei Beispiele seien hier – stellvertretend für viele – genannt:

- Seit zehn Jahren gibt es mit dem VCÖ[3] (Verkehrs-Club Österreich) eine Alternative zu ÖAMTC und ARBÖ. Der VCÖ bietet ebenso Pannendienst und alle anderen Dienstleistungen für Leute, die (noch) ein Auto brauchen, tritt allerdings massiv für den Vorrang des öffentlichen Verkehrs und Kostenwahrheit im Verkehr ein, anstatt bei jeder 10-Groschen-Benzinpreiserhöhung die Autofahrer wieder als „Melkkühe der Nation" zu bezeichnen. Wer als umweltengagierter Mensch dem VCÖ beitritt, weiß, daß sein Geld nicht für Lobbying gegen seine eigene Überzeugung verwendet wird.

- Ebenso ist es mit Ihrem Geld. Falls Sie etwas auf der hohen Kante haben, arbeitet Ihr Geld für Sie – das Sparbuch bringt Zinsen, die Aktien Dividenden und Wertsteigerung. Ist Ihnen aber wohl bei dem Gedanken, daß Ihre Bank vielleicht mit Ihrem Geld AKWs in Osteuropa oder Regenwaldzerstörung in Brasilien finanziert? Oder: Spiegeln Ihre *Wertpapiere* die *Werte* wider, die Sie vertreten?[4] Sie können Ihr Geld aber auch „ethisch investieren“. Hier ist die Zeitschrift „Öko-Invest“ zu empfehlen, die eine Fülle derartiger Möglichkeiten anbietet.[5] Auch in der Zeitschrift „natur“ (im Zeitschriftenhandel erhältlich) wird der „Natur-Aktien-Index“ mit ökologisch/sozial vertretbaren Firmen jeden Monat neu vorgestellt.

Bildquelle: Jahrbuch für ethisch-ökologische Geldanlagen 1995/96. Service Fachverlag, Wien 1994

- Es gibt aber auch ganz naheliegende Beispiele aus dem Alltag. Vor wenigen Monaten wurde auch in Österreich die Abfüllung von Mineralwasser in Plastikflaschen gesetzlich zugelassen. Hier liegt es an Ihnen, nicht nur keinerlei Wegwerfflaschen zu kaufen, sondern derartige Firmen gänzlich zu meiden – also auch keine Mehrwegflaschen von ihnen zu kaufen – und dies auch noch in Ihrem Kreis öffentlich zu machen.

Sie werden bei einigem Nachdenken sicher noch eine Fülle ähnlicher Beispiele finden – von den Biowaren im Supermarkt bis hin zum Transfair-Kaffee ...

Die Macht des Wählers

In einer Demokratie entscheidet die Mehrheit. Dennoch – und das fällt vor allem Gegnern von kleinen, aber dennoch erfolgreichen Bürgerinitiativen immer wieder unangenehm auf – haben kleine Gruppen überproportionales Gewicht. Wieso?

In den meisten Demokratien verändern sich von Wahl zu Wahl die Stimmanteile der Parteien nur um wenige Prozente. Oft liegen zwischen dem „rechten" und dem „linken" Lager nur einige Mandate. So etwa in Österreich: ÖVP und FPÖ erhielten gemeinsam 93 der 183 Mandate – schon in den vorhergehenden Gesetzgebungsperioden war es ähnlich. Die Folge: Die ÖVP hat ein weitaus stärkeres „Drohpotential" als die SPÖ und kann so in der großen Koalition mehr durchbringen, als wenn ÖVP und FPÖ zusammen beispielsweise nur 91 Mandate hätten.

Der Unterschied – zwei Mandate, also ungefähr ein Prozent der Wählerstimmen – macht eine Menge aus. Daher sind alle großen Parteien relativ schnell dazu bereit, bei Anliegen nachzugeben, die auch nur für einige Zehntelprozent der Wähler ausschlaggebend für ihr Wahlverhalten sind. So können die Promillegrenze oder die Zahnkronen Koalitionskrisen auslösen, wenn Wählerlobbies wie Gastwirte oder Zahnärzte im Spiel sind.

Hier ist es besonders wichtig für die Großparteien, daß auch potentielle eigene Wähler mit im Spiel sind. Anliegen, die nur von expliziten

Grünwählern kommen, kann man unter diesem Gesichtspunkt leichter ignorieren; überparteiliche Gruppen wie Umwelt- und Tierschutzorganisationen oder die Caritas haben da hingegen ein stärkeres Gewicht.

Die Macht des Meinungsbildners

Prominente sind meinungsbildend – Sie aber auch. Was Sie in Ihrer Familie, im Freundeskreis und am Arbeitsplatz sagen und tun, wird registriert und trägt als Mosaiksteinchen zur gesellschaftlichen Veränderung bei.[6] Diese Vorbildwirkung kann nun durch Beachtung einiger „Spielregeln“ verstärkt werden:

Alles mit Maß

„Nichts im Übermaß“ – dieser Spruch zierte schon das Heiligtum von Delphi. Geht es Ihnen darum, möglichst gut dazustehen oder möglichst viel zu bewirken? Ein Beispiel: Angenommen, es geht Ihnen um die Einsparung von Ackerfläche. Sie beschließen, sich ausschließlich von Kartoffeln und Leitungswasser zu ernähren (gelegentlich etwas Obst zur Deckung des Vitaminbedarfs). Damit können Sie Ihren Flächenbedarf wahrscheinlich von vielleicht 2.000 auf 200 m² senken, Sie sparen also 1.800 m² ein. Jeder bewundert Sie ...

Falsch. Man wird Sie für verrückt halten, und keiner ahmt Sie nach. Man merkt nämlich, welch starke Einschränkungen Sie auf sich nehmen müssen. Da ist es doch besser, Sie reduzieren Ihren Fleischkonsum ein wenig und senken damit Ihren Flächenverbrauch auf – sagen wir – 1.500 m². Sie können immer noch abwechslungsreiches, genußvolles Essen zu sich nehmen, Sie leben gesund, und Ihre Argumente werden ernst genommen. Wenn Sie das auch noch „beiläufig“ erwähnen, werden vielleicht zehn Leute früher oder später Ihrem Vorbild nacheifern, und so sind bereits 5.000 m² Ackerfläche eingespart. Und diese zehn Leute wirken als Vorbilder weiter ...

Aus diesem Grund ist dieses Buch nicht „fundamentalistisch“. Natürlich könnten wir fordern: kein Fleisch, kein Kaffee, kein Nikotin, kein

Auto ... Nur eine extreme Minderheit würde uns anhören, und der dadurch ersparte Aufwand an Material und Energie würde wahrscheinlich nicht einmal den Aufwand für Druck und Vertrieb dieses Buches kompensieren.

Tue Gutes und rede darüber

Nicht darüber zu reden, ist vielleicht „edler", aber nicht so wirkungsvoll. Wenn Sie keinen Orangensaft mehr kaufen – erwähnen Sie das von Zeit zu Zeit! Nur wer es weiß, kann es nachmachen. Besonders stark ist der Eindruck, wenn jemand dasselbe von mehreren Seiten hört. Leisten Sie dazu einen Beitrag.

Ein sehr wirksames Mittel dazu ist der Leserbrief. Tausende Menschen lesen Ihre Meinung und denken darüber nach – und das kostet Sie nur das Geld für eine Briefmarke und einige Stunden Zeit für griffige Formulierungen.

Wissen und Handeln

Wer auf die wirtschaftliche oder politische Realität einwirken will, sollte gut informiert sein. Es ist empfehlenswert, nicht nur eine Qualitäts-Tageszeitung, sondern darüber hinaus auch noch diverse Publikationen von NGOs aus mehreren Bereichen zu abonnieren. So werden Sie auch immer wieder auf Bücher aufmerksam gemacht, die auf globale Probleme und Lösungsvorschläge eingehen.

In der Argumentation ist eine „gefällige Darstellung" legitim und nützlich, nicht jedoch die Lüge und Demagogie. Demagogisch sind etwa Darstellungen, die die Wirklichkeit – bewußt oder halb bewußt – verfälschen. So wirbt ein Figurenstudio mit Umfangs-Einbußen von rund 30 cm binnen einer Woche; erst bei genauem Lesen kommt man darauf, daß sich diese 30 cm als Summe vieler Einzelmessungen ergeben. (Würde man beispielsweise doppelt so viele Einzelmessungen addieren, so könnte man gleich 60 cm „schlanker werden" ...) Sobald Sie diese Demagogie jedoch entlarven, ist das ganze Figurenstudio für Sie unseriös und unglaubwürdig geworden.

In die gleiche Kerbe schlagen auch manche Darstellungen von Umweltexperten oder -organisationen.[7] Vermeiden Sie unbedingt halbwahre oder demagogische Aussagen; sie schaden der Sache.

Sie wollen aktiv werden? Wir helfen Ihnen.

Sie haben gesehen, daß Sie auch „allein“ – durch Ihr Handeln und Ihr Vorbild – schon viel bewirken können; dennoch gratulieren wir Ihnen zu Ihrem Entschluß, wenn Sie darüber hinaus in Ihrer Gemeinde, Ihrem Bezirk oder Ihrem Häuserblock aktiv werden wollen. Sie sollten überlegen, ob Sie Ihre Anliegen in eine bestehende Gruppe – Lokalorganisation einer politischen Partei, Religionsgemeinschaft, freiwillige Feuerwehr o.ä. – einbringen wollen oder ob es Ihnen zweckmäßiger scheint, eine eigene Gruppe zu gründen. Diese Gruppe kann die Rechtsform eines Vereins haben oder auch ganz formlos existieren.

Im Zug Ihrer Aktivitäten werden Sie sicher bemerken, daß Fragen auftreten: Fragen rechtlicher Natur wie Vereins- und Versammlungsrecht, Post-Beförderungsvorschriften etc., organisatorische Fragen (wie ma-

Sind Vereine „out“?

Der Sozialforscher Erich Brunmayr hat in seiner „Niederösterreichischen Jugendstudie 1997“ auch das „Vereinsverhalten“ der Jugendlichen untersucht. Im Vergleich zu 1982 haben kirchliche und politische Jugendorganisationen stark an Bedeutung verloren, Gewinner sind hingegen Kultur- und Musikvereine: „Die Gegenwart und ihr Fun ist das Zentrum der Lebensphilosophie.“

51% der Jugendlichen gaben von sich an, es sei ihnen weniger wichtig als ihrer Elterngeneration, das politische Geschehen in Österreich zu verfolgen („wichtiger“: 11%); das Mitmachen im Gemeinwesen ist sogar für 71% „weniger wichtig“ (5% „wichtiger“) als ihrer Elterngeneration (siehe „Der Standard“, 21. 5. 1997).

Diese Umfrage macht nicht gerade Mut. Allerdings hat sie auch ergeben, daß informelle „Cliquen“ bedeutender sind als Vereine. Wer also im Freundes- oder Kollegenkreis aktiv wird, hat durchaus die Chance, Verständnis für seine Anliegen zu finden ...

che ich eine professionelle Presseaussendung und ein gefälliges Plakat für meine Veranstaltung, wie präsentiere und moderiere ich optimal, wo nehme ich Geld für Druckkosten und Referenten her?) und natürlich inhaltliche Fragen zu Teilgebieten der Nachhaltigkeit.

Da wir als Verein „Menschen für **S**olidarität, **Ö**kologie und **L**ebensstil" (SOL) seit vielen Jahren auf diesem Gebiet tätig sind, bieten wir Ihnen an, Sie bei Ihrer Aktivität zu unterstützen. Das kann auf mehrere Arten geschehen:

- Gezielte, punktuelle Auskünfte. Rufen Sie an oder schreiben Sie uns; wir werden uns bemühen, Ihnen zielführende Informationen zu vermitteln. Diese Hilfe ist unentgeltlich. Sie können auch auf unserer Homepage vorbeischauen: http://www.webseite.at/sol
- Regelmäßige Zusendung von Informationen. Wir geben die Zeitschrift SOL (**S**olidarität – **Ö**kologie – **L**ebensstil) heraus, die fünfmal pro Jahr erscheint. Mindestens viermal pro Jahr erscheint unsere Kinderzeitschrift Plapperstorch. Mit der beiliegenden Antwortkarte können Sie kostenlos und unverbindlich je zwei Probeexemplare anfordern.
- Regionale Kontakte. Vermerken Sie bitte auf Ihrer Antwortkarte, ob Sie Interesse an Kontakt mit anderen Leserinnen und Lesern des Buches haben. Wenn sich genügend Interessierte melden, werden wir dann auch in Ihrer Region ein Treffen veranstalten und Sie unverbindlich dazu einladen.
- Teilnahme an unseren vierteljährlichen Treffen. Viermal im Jahr treffen wir (der Verein SOL) uns zu einem gemeinsamen Wochenende. Dort kann man sich in der Begegnung mit Gleichgesinnten wieder stärker für einen nachhaltigen Lebensstil motivieren, Erfahrungen austauschen (Tips über interessante Bücher, Ankündigungen von Veranstaltungen) und auch kurze Referate über Aspekte der Nachhaltigkeit hören – gemeinsames Essen, Trinken und Unterhaltung haben aber ihren ganz bedeutenden Stellenwert. Wenn Sie beim nächsten Treffen dabeisein wollen, können Sie sich mit der beiliegenden Karte gerne anmelden. Die Teilnahme ist kostenlos, aber vielleicht können Sie eine Flasche Wein oder etwas zum Essen mitnehmen ...

Anmerkungen

1 Das ist eigentlich vorwiegend die Rolle der Konsumentin – die meisten Kaufentscheidungen werden von Frauen getroffen.

2 Wird dieser Einkaufsweg allerdings per Auto zurückgelegt, ist die Sinnhaftigkeit meist nicht gegeben.

3 Dingelstedtg. 15, A-1150 Wien, Tel. (0043/1) 893 26 97.

4 Zitat aus: Deml, Max/Baumgarten, Jörg/Bobikiewicz, Luc: Grünes Geld. (2. Auflage) 1994. Dieses Buch wird im Zweijahresabstand neu aufgelegt. Vertrieb für Österreich: Service Fachverlag, Wien.

5 Schweizertalstr. 8-10/5/1, A-1130 Wien, Tel. (0043/1) 315 696, Fax -1.

6 Nicht nur Ihr Handeln, sondern auch Ihr Unterlassen zeigt Wirkung. Wer in Ihrer Gegenwart einen rassistischen oder sexistischen Witz erzählt, wird durch Ihr Weghören oder sogar höfliches Mitlachen darin bestärkt, das woanders auch zu tun.

7 Ein klassisches Beispiel dafür ist die Story vom Erdbeerjoghurt (u.a. aus „Faktor 4“), das angeblich 3.500 Kilometer zurücklegt, bevor es auf Ihren Frühstückstisch kommt. Hier werden die Transportwege von Milch, Erdbeeren, Kunststoff, Metalldeckel etc. einfach addiert. Daß das unsinnig ist, zeigt die Überlegung, daß die Hinzufügung eines Hauchs Vanillearoma diese Zahl vervielfachen würde, das würde aber keineswegs eine Vervielfachung des gesamten Transportvolumens bedeuten. Mathematisch richtig ist die Bildung des gewichteten Mittels (Tonnenkilometer pro Tonne), was die zurückgelegte Weglänge auf einige hundert Kilometer reduziert – noch immer schlimm genug! Die richtige Aussage – daß unnötige Verkehrswege reduziert werden sollten – wird durch übertriebene Zahlenangaben leider angreifbar gemacht.

Zusammenfassung: Die wichtigsten zehn Schritte

Das Buch enthält eine Vielzahl von Angeboten, aktiv zu werden; wer sich einmal „auf den Weg“ gemacht hat, wird unterwegs noch weitere Wegweiser finden. Doch die ersten Schritte sind oft besonders schwer; daher möchten wir die unserer Meinung nach wichtigsten Maßnahmen nochmals zusammenfassen:

Weniger Fleisch

Zu hoher Fleischkonsum ist einer der wichtigsten Gründe für den Welthunger. Versuchen Sie, mittelfristig Ihren Fleischkonsum zu halbieren.

Wärme dämmen

Heizen kostet viel Energie und ist eine der Hauptursachen des Treibhauseffekts; durch Wärmedämmung läßt sich ein überraschend großer Teil von Heizenergie (und -kosten) einsparen.

Bewußt kaufen

Auf Energieeffizienz (bei Haushaltsgeräten, Treibstoffverbrauch beim Auto etc.), Langlebigkeit und ökologisch-soziale Folgen von Konsumartikeln achten. Vermeiden Sie das Diktat von Mode und Werbung sowie Imponierkonsum.

Nutzen statt besitzen

Dinge borgen, verleihen, tauschen, gemeinschaftlich nutzen – vom Rasenmäher übers Auto bis zum Urlaubsdomizil.

Alt, aber gut

Dinge länger nutzen, reparieren, auch gebrauchte Dinge kaufen und verwenden.

Gut statt viel

Ob Essen, Kleidung oder Wohnraum – geben Sie Ihr Geld für Qualität statt für Quantität aus!

Mehr Muße

Überstunden und Nebenjobs abbauen, Streß und Hektik meiden. Bildungskarenz, „Sabbatical“ und Teilzeitarbeit in Erwägung ziehen.

Wohlstand teilen

Richtwert: ein Prozent Ihres Einkommens monatlich für ein Sozial- oder Umweltprojekt Ihrer Wahl.

Abenteuer Alltag

Neues erproben, Begegnungen suchen, aufmerksam werden, Betrachtungsweisen verändern.

Die Welt verändern

Sich informieren und mit anderen vernetzen. Als Konsument, Wähler und Meinungsbildner für ein gerechtes, nachhaltiges Wirtschaftssystem auch öffentlich eintreten.

Viel Freude auf Ihrem Weg – und lassen Sie doch einmal von sich hören!

Wie dieses Buch entstanden ist

Begonnen hat alles mit der Studie „Action Plan Sustainable Netherlands“. Friends of the Earth-Niederlande („Milieudefensie“) haben damit im Frühjahr 1992 erstmals das Prinzip des Umweltraums eingeführt und darauf hingewiesen, daß Nachhaltigkeit nicht nur ein Problem der Ökologie, sondern auch – und vor allem – ein Problem der Gerechtigkeit und Solidarität ist.

Diese Studie hat im internationalen Netzwerk von Friends of the Earth (FOE) große Beachtung gefunden, und mehrere Dutzend anderer FOE-Landesorganisationen entwickelten in der Folge landesspezifische „Action Plans“ – so auch wir in unserer Eigenschaft als FOE-Österreich. Im Dezember 1994 wurde unser Action Plan fertig[1], ein Jahr später wurde er durch konkrete Handlungsanweisungen ergänzt.[2]

Mittlerweile war auch der von der EU geförderte gesamteuropäische Aktionsplan fertig geworden[3] – hier konnte sich FOE der Mitarbeit des renommierten Wuppertal-Institutes versichern, das dann auch den besonders stark beachteten deutschen Aktionsplan herstellte.[4] Parallel dazu begannen im Netzwerk von FOE verschiedene andere Aktivitäten im Rahmen der europaweiten Kampagne „Sustainable Europe“ – so haben wir in Österreich zwei Ausbildungslehrgänge für Nachhaltigkeitsmoderatorinnen und -moderatoren durchgeführt und eine Moderatorenagentur ins Leben gerufen.

Wir erkannten sehr bald, daß unser „Action Plan“ zwar wissenschaftlich fundiert, wegen des wissenschaftlichen Stils dem breiten Publikum aber kaum zuzumuten war. Schon Anfang 1996 erschien daher eine farbige Broschüre, die die wichtigsten Ergebnisse anschaulich zusammenfaßte.[5] Hier zeigte sich wiederum, daß wegen des beschränkten Umfangs keine vertiefte Behandlung der einzelnen Bereiche möglich war; viele Leserinnen und Leser blätterten das Heftchen zwar interessiert durch, wünschten aber danach eine ausführlichere und dennoch gut verständliche Auseinandersetzung mit dem Themenbereich. So beschlossen wir, eine vollständig überarbeitete Neuauflage des „Action Plan“ herauszubringen – hier liegt sie nun vor Ihnen.

Ursprünglich hätte die Arbeit an diesem Buch schon 1997 abgeschlossen sein sollen. Der damals vorliegende Text wurde jedoch als inhomogene Mischung „populärer" und „wissenschaftlicher" Fragmente empfunden; eine weitere gründliche Umarbeitung führte nun dazu, daß dieses 1999 erschienene Buch mit dem ursprünglichen „Action Plan" so gut wie nichts mehr zu tun hat (außer natürlich die zugrundeliegenden prinzipiellen Gedanken).

Mittlerweile zeigte die Umweltorganisation Global 2000 starkes Interesse an der vollen Mitarbeit am Netzwerk von FOE-International. Da nur eine Organisation pro Land FOE-Mitglied sein kann und wir das Potential von Global 2000 für wesentlich stärker einschätzten als unser eigenes, haben wir uns im Interesse der Sache entschlossen, dieser Organisation die österreichische Vertretung von Friends of the Earth zu überlassen. Daher führen wir seit Juni 1998 anstelle der Bezeichnung FOE-Österreich den Namen SOL, der vorher unserer Zeitschrift vorbehalten war. SOL steht für „Menschen für Solidarität, Ökologie und Lebensstil".

Ungeachtet unserer Namensänderung sind wir weiter auf dem Gebiet der Nachhaltigkeit tätig. Zusätzlich zu unseren laufenden Aktivitäten (siehe S. 149) veranstalten wir einmal pro Jahr ein Symposium über verschiedene Aspekte der Nachhaltigkeit; das erste Symposium im September 1999 steht unter dem Titel „Formen der Arbeit – formen wir die Arbeit" und wird gemeinsam mit der arbeitsmarktpolitischen Initiative des Vereins BUNGIS (Behinderte und Nichtbehinderte gemeinsam im Südburgenland) veranstaltet (der Symposiumsbericht kann bei SOL bestellt werden). Für die Folgejahre sind andere Schwerpunkte vorgesehen. Mehrmals jährlich werden auch Wochenendseminare über verschiedene Aspekte der Nachhaltigkeit durchgeführt.

Seit Anfang 1999 läuft ein „Aufruf für einen genußvollen, solidarischen und ökologischen Lebensstil". Auf diese Weise soll bewußt gemacht werden, daß aus Gründen der Gerechtigkeit und der Ökologie ein anderer Lebensstil vonnöten ist, daß das aber nichts mit Askese, sondern eher mit anderen, verfeinerten Formen des Genusses zu tun hat.

Bisher unterzeichneten u.a. Elfriede Hammerl, Bischof Paul Iby, Jazz-Gitti, Bernd Lötsch, Günther Nenning und Helmut Pechlaner.

Und wer weiß, was gerade alles geplant und vorbereitet wird, während Sie dieses Buch lesen ...

SOL – Menschen für Solidarität, Ökologie und Lebensstil
c/o Gerald Bauer, Kamillenweg 8, A-1220 Wien
Tel./Fax (0043/1) 280 99 72, E-Mail: SOL@postfach.at
Internet: http://www.webseite.at/sol

SOL – Zeitschrift für Solidarität, Ökologie und Lebensstil
c/o Dan Jakubowicz, A-7411 Markt Allhau 5
Tel./Fax (0043/3356) 265, E-Mail wie oben.

SOL junior – Junge Menschen für Solidarität, Ökologie und Lebensstil
c/o Natalie Ithaler, A-8261 Nestelbach 123, Tel. (0043/3385) 8769

Anmerkungen

1 Kosz, M. (Hrsg.): Auf dem Weg zu einer nachhaltigen Entwicklung in Österreich (Action Plan Sustainable Austria). Im Auftrag von FOE-Österreich. Wien – Nestelbach 1994.

2 FOE-Österreich: Daten und Umsetzungsvorschläge auf dem Weg zu einem nachhaltigen Österreich. Ergänzung zum Aktionsplan Sustainable Austria. Wien 1995.

3 Friends of the Earth Europe: Towards Sustainable Europe. The Study. Brüssel 1995.

4 BUND (FOE-Deutschland)/Misereor (Hrsg.): Zukunftsfähiges Deutschland. Ein Beitrag zu einer global nachhaltigen Entwicklung. Basel – Boston – Berlin 1996.

5 FOE-Österreich: Besser leben – besser:leben. SOL, Nr. 75. Wien 1996.

Danksagungen

Dieses Buch wird vom Verein SOL herausgegeben. Ohne die Unterstützung vieler anderer Vereinsmitglieder hätte ich als Autor einen sehr schweren Stand gehabt.

- Mag. Brigitte Parnigoni hat das Manuskript sehr genau durchgelesen und viele Ergänzungen und Änderungen vorgeschlagen. Insbesondere was gesellschaftliche Zusammenhänge und die Rolle der Frau betrifft, hat sie wertvolle Ergänzungen eingebracht.
- Auch Dipl.-Ing. Sangita Wilk-Sanatani hat sich sehr viel Mühe mit meinem Manuskript gegeben. Ihr Schwerpunkt lag auf dem Gebiet des Lebensstils und des persönlichen Erlebens. Viele Anregungen konnte ich übernehmen; darüber hinaus wird ihre intensive Beschäftigung mit der Thematik vielleicht sogar zu einem eigenen Buch führen ...
- Mag. Christian Salmhofer arbeitet beruflich beim Klimabündnis mit. Er hat vor allem im Bereich Energie und Bodenzerstörung wichtige Vorarbeiten und Beiträge geliefert.
- Gerald Bauer beschäftigt sich mit Tauschkreisen und Wohnprojekten und konnte mir hier nützliche Informationen liefern.
- Maria Prem und Norbert Scheidl gaben mit ihren Texten über „Textilien und Nachhaltigkeit“ bzw. „Nutzen statt besitzen“ (beim Verein SOL erhältlich) wichtige Anregungen.

In einem zweiten Schritt wurden externe Expertinnen und Experten um ihre Mitwirkung gebeten.

- Hier danke ich besonders Dr. Luise Gubitzer vom Institut für Volkswirtschaftslehre der WU Wien. Ihre sehr detaillierten schriftlichen Anmerkungen wurden durch ein äußerst angenehmes Gespräch bei einem ausgedehnten gemeinsamen Frühstück im Café Schottenring erläutert und ergänzt. Neben vielen wichtigen Fakten hat sie mir Mut gegeben, als Nicht-Wirtschaftsexperte auch dieses Thema anzuschneiden.
- Dr. Dietmar Kanatschnig und Dipl.-Ing. Petra Schmutz vom Österreichischen Institut für Nachhaltige Entwicklung haben das Manu-

skript ebenfalls gelesen und mir mit konkreten Änderungsvorschlägen geholfen.

Besonders möchte ich meiner Frau – Gabriele Huterer – danken. Während des ganzen Entstehungsprozesses des Buches, der sich über mehr als ein Jahr hingezogen hat, hat sie mir immer wieder geholfen, schwierige Gedanken verständlich zu formulieren und allzusehr durch subjektive Erfahrungen geprägte Sichtweisen zu vermeiden. Darüber hinaus hat sie als Leiterin eines arbeitsmarktpolitischen Projektes Erfahrungen auf diesem Gebiet gesammelt, die sie korrigierend einbringen konnte.

Alle Zahlen und Fakten in diesem Buch wurden sorgfältig recherchiert. Ich möchte jedoch betonen, daß allfällige Fehler zur Gänze auf mein Konto gehen.

Das Bundesministerium für Umwelt, Jugend und Familie unterstützt seit mehreren Jahren die SOL-Kampagne „Nachhaltiges Österreich“ und hat somit auch die Herstellung dieses Buches ermöglicht. Auch der Umweltdachverband ÖGNU hat wertvolle Hilfestellung geleistet. Unser Dank für finanzielle Unterstützung gilt auch dem Bundesministerium für Wissenschaft und Verkehr sowie der Oesterreichischen Nationalbank.

Last, but not least: was wäre ein Buch ohne Leserinnen und Leser? Daher danke ich auch Ihnen, daß Sie dieses Buch in die Hand genommen, durchgeblättert, ja vielleicht sogar aufmerksam gelesen haben und – darf ich es hoffen? – einen Teil der darin enthaltenen Gedanken im Gespräch weitertragen oder in Ihrem eigenen Leben anwenden.

Dipl.-Ing. Dan Jakubowicz
Mai 1999

Der Autor

Dan Jakubowicz, geboren 1953, studierte industrielle Elektronik in Wien. Als Techniker war er aktiv in der Anti-AKW-Bewegung tätig, die in Österreich zur Verhinderung der Inbetriebnahme des einzigen AKW – Zwentendorf – geführt hat. Jahrelang arbeitete er in der Alternativbewegung, kurzzeitig auch als Bezirksrat der Alternativen Liste. Seit 1988 Vorstandsmitglied von Friends of the Earth-Österreich (1998 umbenannt in SOL – Menschen für Solidarität, Ökologie und Lebensstil). Mitarbeit am Projekt „Sustainable Europe“ von Friends of the Earth Europe. Das Buch „Genuß und Nachhaltigkeit“ ist im Rahmen der Tätigkeit des Vereins SOL entstanden.